그림으로 보는 인체

Picture this HUMAN BODY

Copyright © Macmillan Publishers Ltd. 2013
Korean translation rights © 2018 Athena Publishing Inc.
All rights reserved.
This Korean edition Published by arrangement
with Macmillan Publishers Ltd. through Shinwon Agency.

이 책의 한국어판 저작권은 신원에이전시를 통해 저작권자와 독점 계약한 (주)도서출판 아테나에 있습니다.
이 책은 신 저작권법에 의해 한국내에서 보호를 받는 저작물이므로 무단복제와 무단전재를 금하며,
이 책의 내용 전부 또는 일부를 이용하려면 반드시 (주)도서출판 아테나의 서면 동의를 받아야 합니다.
아이위즈북(iwizbooks)는 (주)도서출판 아테나의 브랜드입니다.

그림으로 보는
인체

글 마가렛 하인스 | **그림** 앤디 크리스프

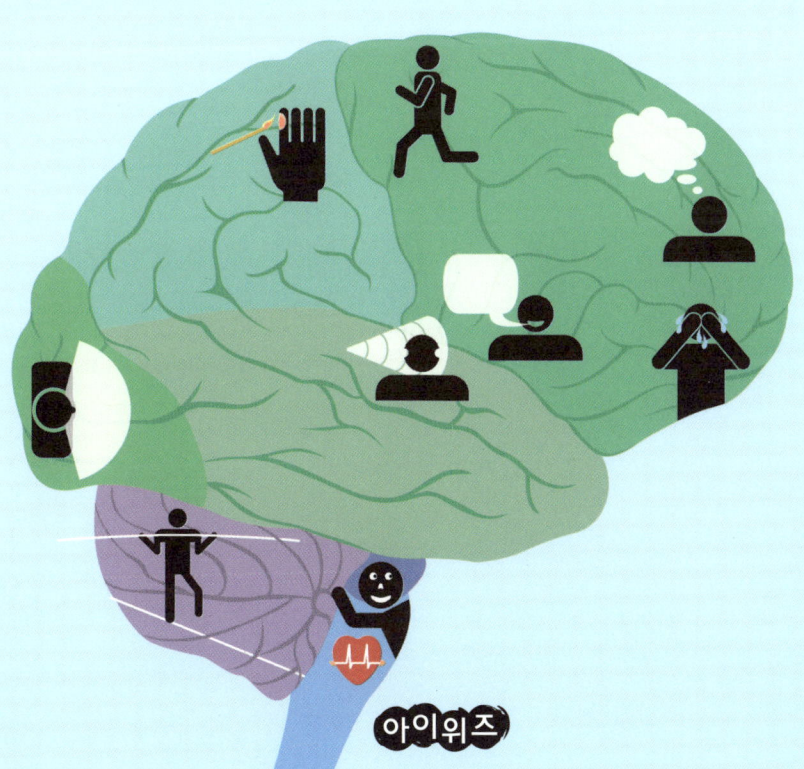

아이위즈

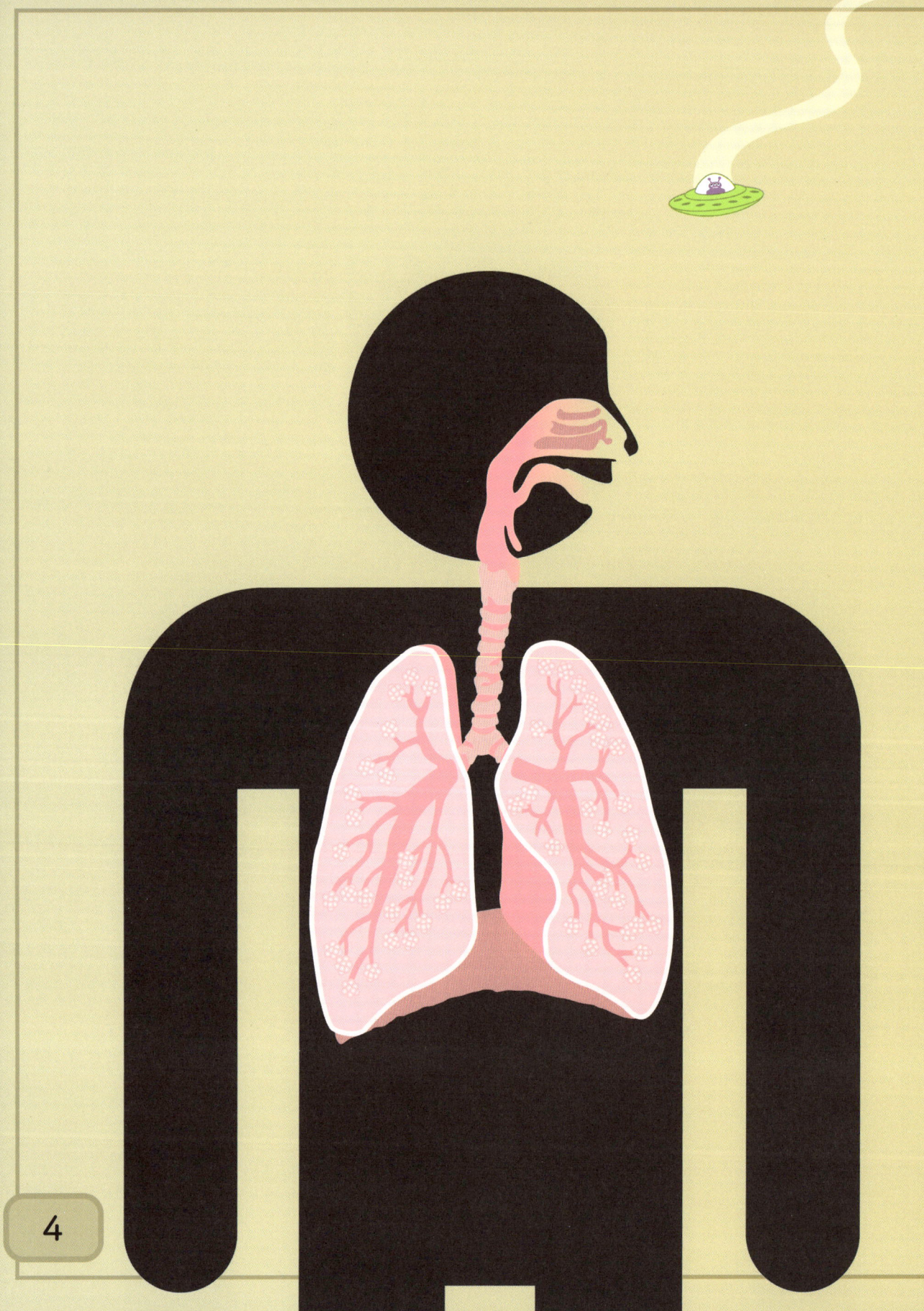

차례

- 6 미터법
- 8 우리 몸의 구성요소
- 10 음식물의 처리과정
- 12 우리 몸의 연료공급
- 14 폐의 활동
- 16 혈액 속에 있어요!
- 18 우리 몸의 수송망
- 20 우리 몸을 덮은 피부
- 22 머리부터 발끝까지
- 24 우리 몸의 방어장치
- 26 인체의 침입자
- 28 생명의 물
- 30 노폐물의 처리
- 32 극한에 대처하기
- 34 마음을 움직여요
- 36 인체의 인터넷
- 38 쿨쿨 잠꾸러기
- 40 시각과 청각
- 42 냄새와 맛
- 44 촉각
- 46 이리저리 움직여요
- 48 새 생명
- 50 성장과 발달
- 52 생명의 암호
- 54 유전이에요!
- 56 건강을 지켜요
- 58 유용한 도표
- 60 용어사전
- 62 찾아보기

미터법

이 책은 인체에 관련한 다양한 사실과 수치를 보여주는 정보 그래픽과 그림이 가득 담겨 있어요. 이때 모든 수치는 미터법으로 표기하고 있어요. 다시 말해 길이는 미터로 부피는 리터로 무게는 킬로그램으로 표기하고 있어요. 피트와 파인트, 파운드는 영국표준법이에요. 책 속의 그래픽마다 미터법과 영국표준법을 비교해 미터법 단위를 한눈에 알아볼 수 있게 했답니다.

속도
km/h는 한 시간에 몇 킬로미터를 갔는지를 보여주는 속도의 단위에요. 이 속도계는 km/h와 mph(시속 몇 마일)을 비교해서 보여줘요.

부피
1리터(L)는 1,000밀리리터(1,000ml)에요. 약 35온스(oz) 혹은 2파인트(pt)가 조금 넘는 양이에요.

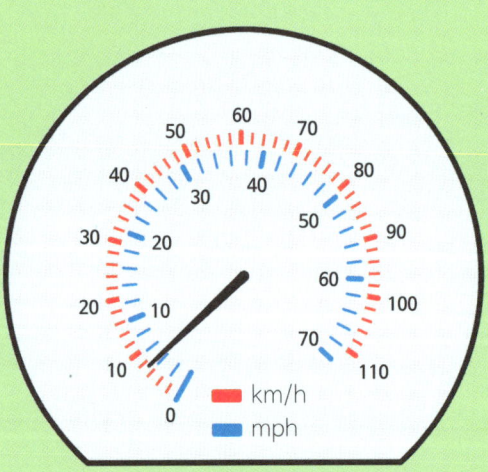

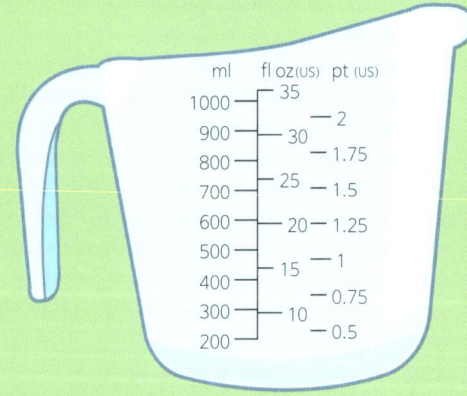

길이
1센티미터(1cm)는 10밀리미터(10mm), 1미터(1m)는 100센티미터, 1킬로미터(1km)는 1,000미터에요. 아래 자는 센티미터(cm)와 인치(in)를 함께 보여주고 있어요.

거리

50번 고속도로

뉴타운 1km (0.6 miles)
타운스빌 10km (6 miles)

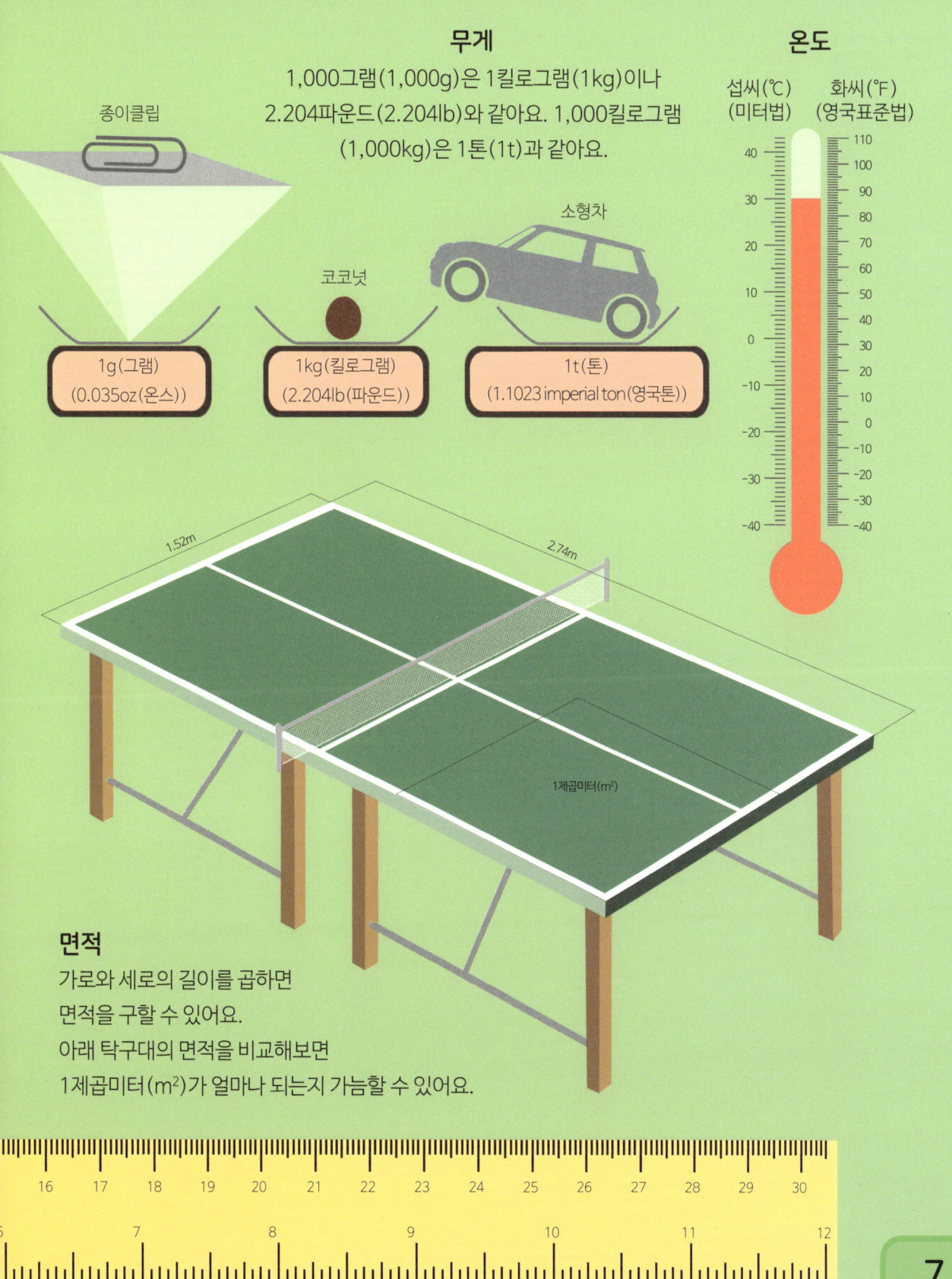

우리 몸의 구성요소

우리 몸은 세포라고 부르는 수십억 개의 아주 작은 생체구성물로 이루어져 있어요.
세포는 맡은 임무에 따라 2백 개가 넘는 종류로 나눌 수가 있답니다. 예를 들어 정자와 난자가 결합해 아기를 만들고, 적혈구는 우리 몸 곳곳에 산소를 운반하며, 피부 세포는 우리 몸의 바깥층을 형성하지요. 같은 종류의 세포가 함께 모여 조직을 이루어요. 또 수많은 조직이 하나로 합해져 위와 같은 기관을 이룬답니다.
몇 개의 기관은 기관계를 이루어 함께 작용해요.

인체의 구성

세포
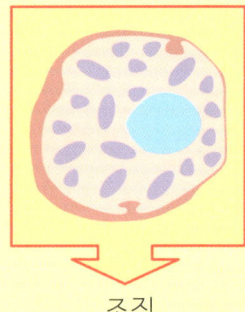

조직
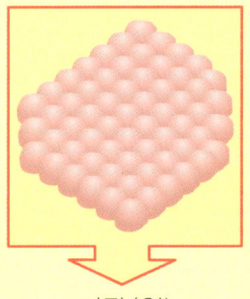

기관(위)
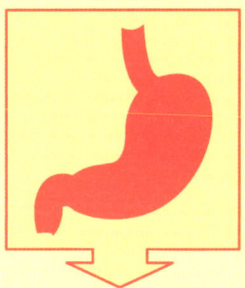

기관계(소화계)
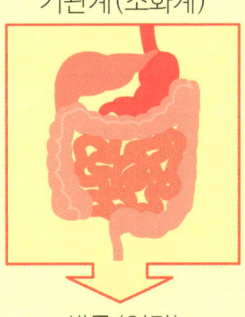

생물(인간)

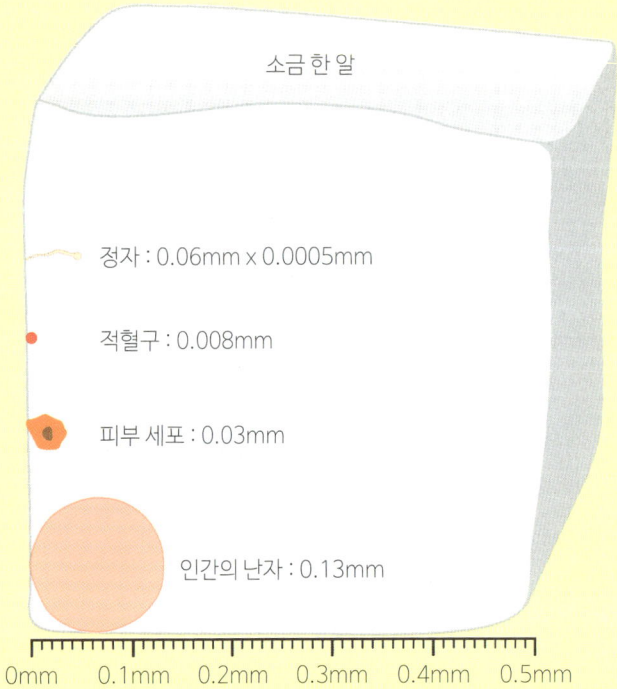

소금 한 알

정자 : 0.06mm x 0.0005mm

적혈구 : 0.008mm

피부 세포 : 0.03mm

인간의 난자 : 0.13mm

0mm 0.1mm 0.2mm 0.3mm 0.4mm 0.5mm

현미경으로 보는 생명체
세포의 크기를 짐작할 수 있도록
소금 한 알의 크기와 각 세포의 크기를 비교해보았어요.

세포의 구성요소

세포핵은 세포의 통제센터에요. 또 세포질이라는 진한 액체에 떠 있는 세포 소기관이 구체적인 일을 도맡아 해요.

- 세포핵 : 세포의 10%
- 세포질 : 세포의 50%
- 세포 소기관과 세포벽 : 세포의 40%

세포의 수명

모든 생명체와 마찬가지로 세포도 죽어요. 물론 어떤 세포는 다른 세포보다 더 오래 산답니다.

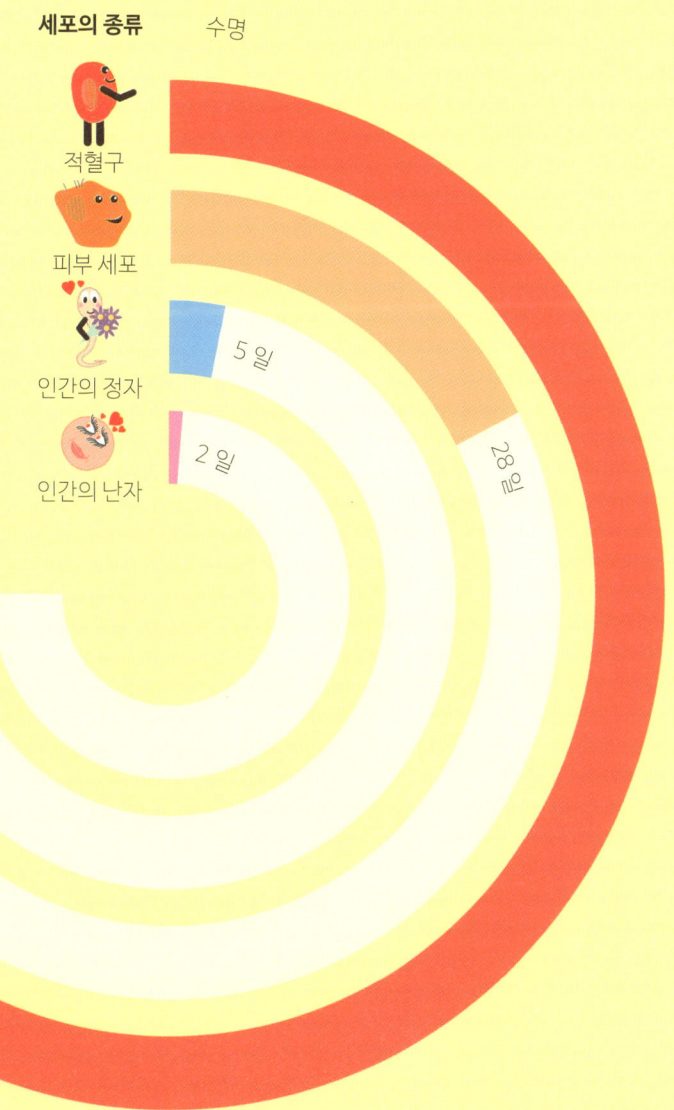

세포의 종류 / 수명

- 적혈구 — 120일
- 피부 세포 — 28일
- 인간의 정자 — 5일
- 인간의 난자 — 2일

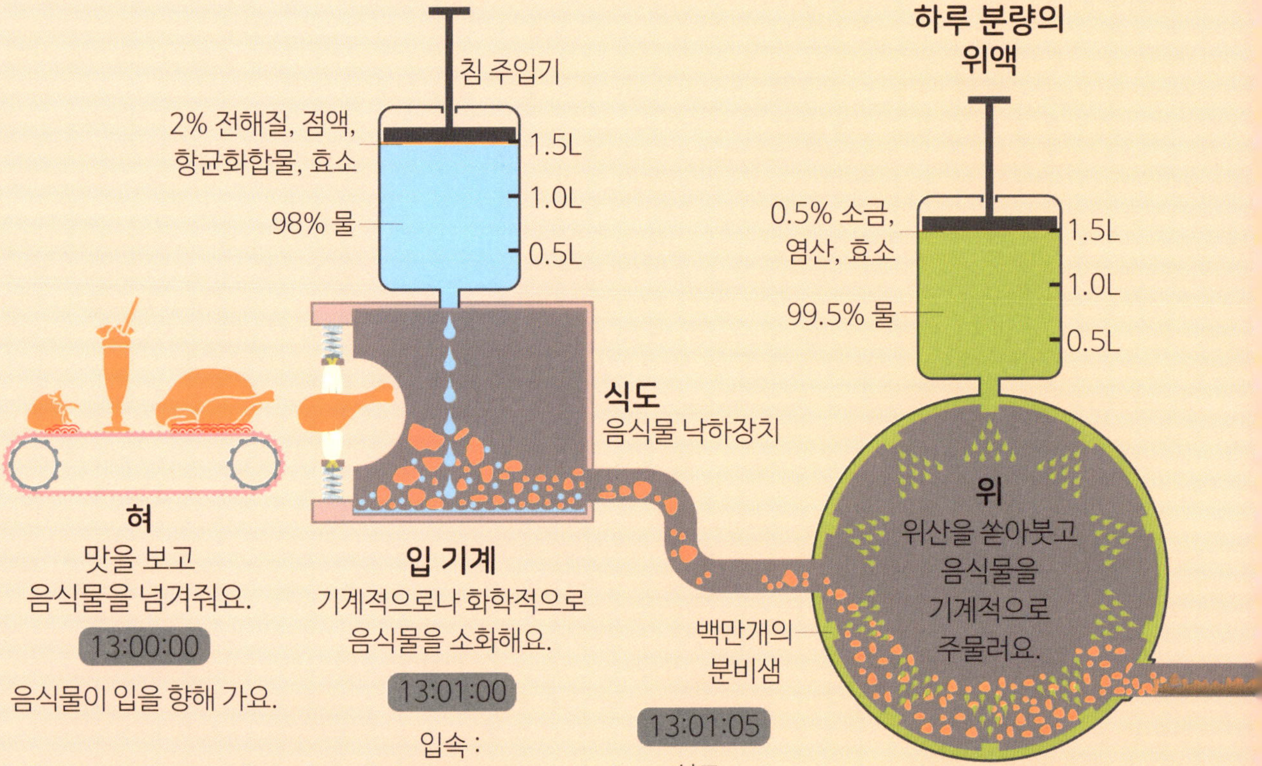

하루 분량의 침

침 주입기

2% 전해질, 점액, 항균화합물, 효소
98% 물

1.5L / 1.0L / 0.5L

하루 분량의 위액

0.5% 소금, 염산, 효소
99.5% 물

1.5L / 1.0L / 0.5L

혀
맛을 보고 음식물을 넘겨줘요.
13:00:00
음식물이 입을 향해 가요.

입 기계
기계적으로나 화학적으로 음식물을 소화해요.
13:01:00
입속 : 1분까지 머물러요.

식도
음식물 낙하장치
백만개의 분비샘
13:01:05
식도 : 5~10초 머물러요.

위
위산을 쏟아붓고 음식물을 기계적으로 주물러요.
16:01:05
위 : 3시간 머물러요.

음식물의 처리과정

음식물은 소화계라는 처리기관을 거치면서 영양소와 노폐물로 나뉘어요. 먼저 치아가 기계적으로 음식물을 씹어 작은 조각으로 으깬 다음 위 근육이 주물러 걸쭉한 죽처럼 만들어요. 입과 위, 췌장, 간, 소장의 분비샘이 화학물질을 분비해 음식물을 훨씬 더 작은 조각으로 쪼개면 혈류 속으로 흡수되어 온몸 구석구석의 세포까지 전달된답니다.

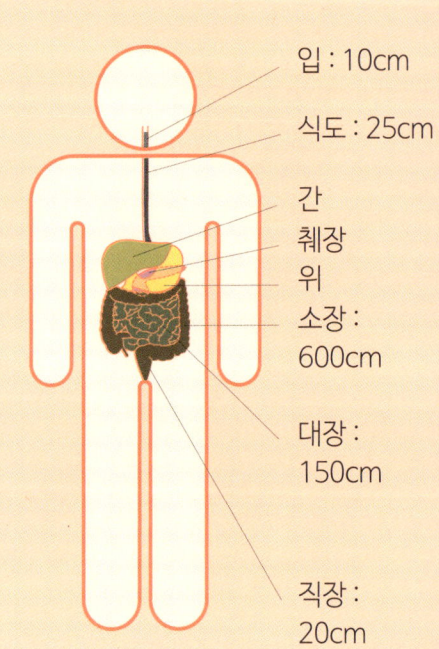

입 : 10cm
식도 : 25cm
간
췌장
위
소장 : 600cm
대장 : 150cm
직장 : 20cm

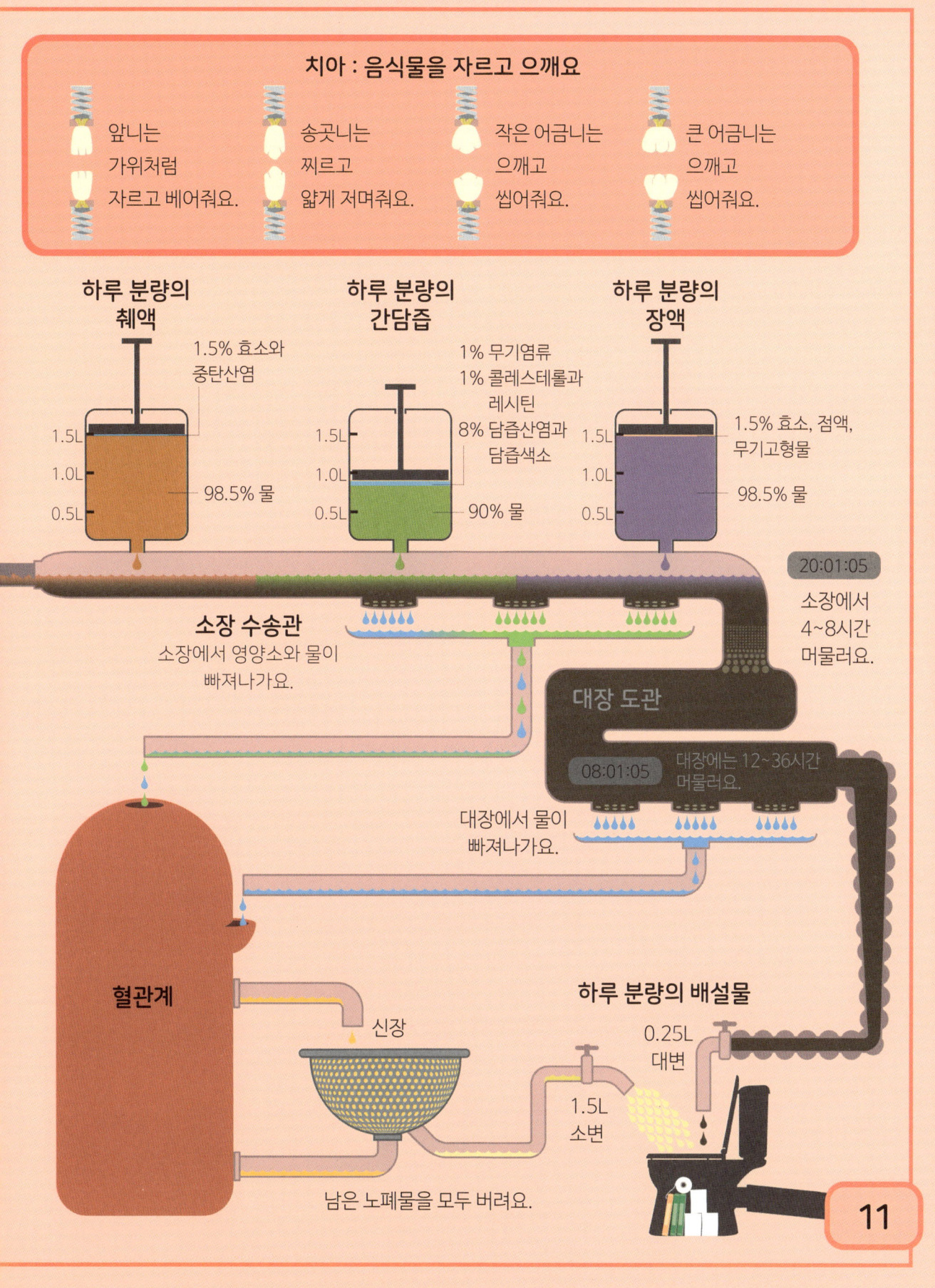

우리 몸의 연료공급

음식물은 우리 몸의 연료예요. 영양소라고 부르는 이 연료는 우리 몸이 자라고 스스로 회복할 수 있게 도와주고 또 신체활동에 필요한 에너지를 준답니다. 우리 몸에 연료가 얼마나 필요한지는 어떤 일을 하느냐에 따라 달라요. 예를 들어 온종일 누워 있는 사람은 에너지가 거의 필요하지 않아요. 과학자들은 보통 우리가 음식물에서 얻는 에너지를 '칼로리'라는 단위로 측정해요.

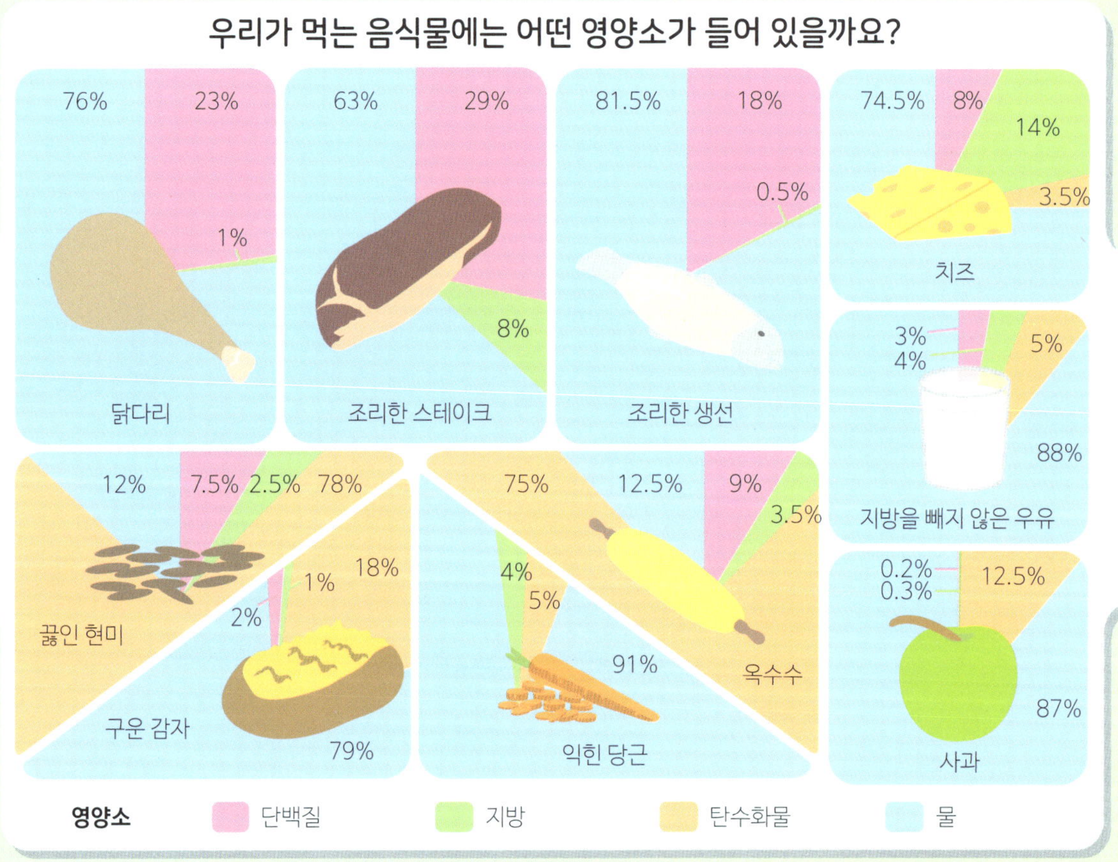

우리가 먹는 음식물에는 어떤 영양소가 들어 있을까요?

닭다리: 76% / 23% / 1%
조리한 스테이크: 63% / 29% / 8%
조리한 생선: 81.5% / 18% / 0.5%
치즈: 74.5% / 8% / 14% / 3.5%
끓인 현미: 12% / 7.5% / 2.5% / 78%
구운 감자: 2% / 1% / 18% / 79%
익힌 당근: 4% / 5% / 91%
옥수수: 75% / 12.5% / 9% / 3.5%
지방을 빼지 않은 우유: 3% / 4% / 5% / 88%
사과: 0.2% / 0.3% / 12.5% / 87%

영양소: 단백질 / 지방 / 탄수화물 / 물

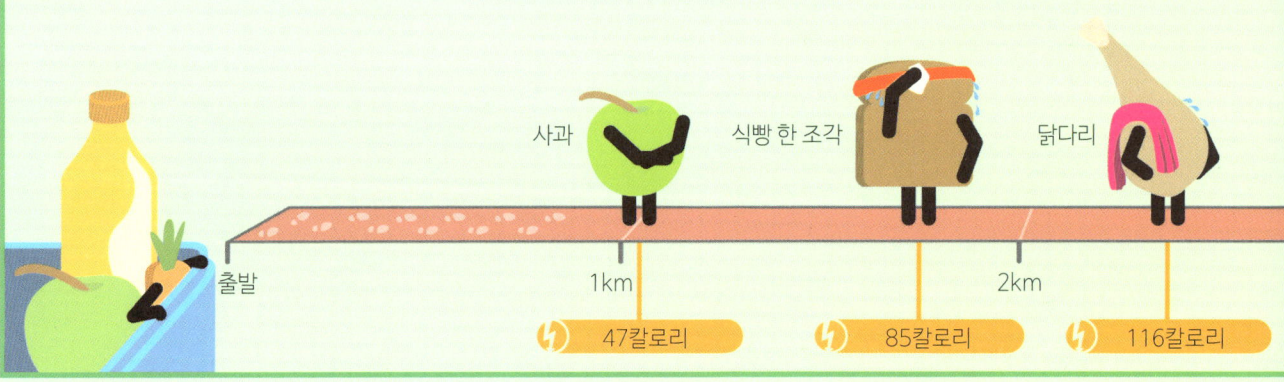

출발 — 1km (사과 47칼로리) — 2km (식빵 한 조각 85칼로리) — 닭다리 116칼로리

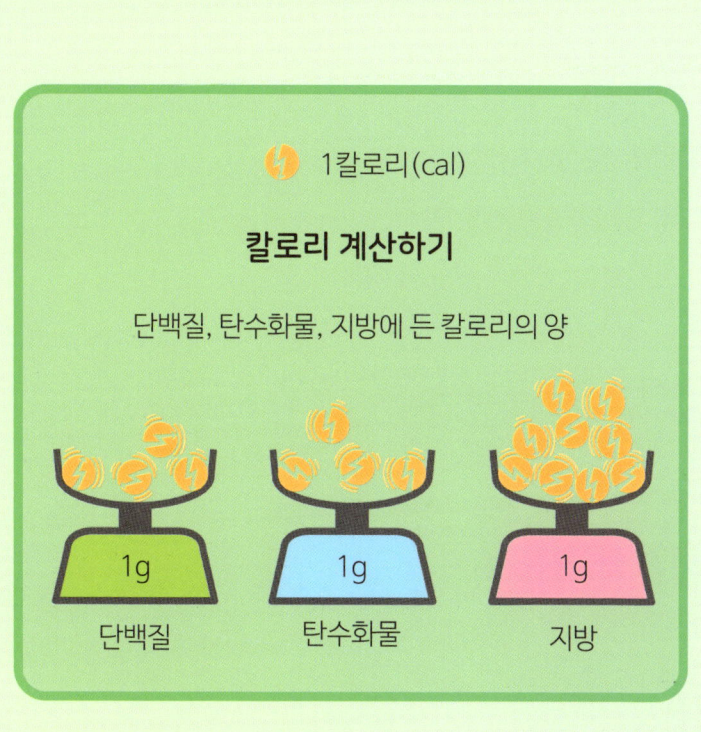

🔥 1칼로리(cal)

칼로리 계산하기

단백질, 탄수화물, 지방에 든 칼로리의 양

1g 단백질 1g 탄수화물 1g 지방

액체 5만 리터(L)

음식물 50,000킬로그램(kg)

인간이 평생 먹는 음식물과 마실 것

시간당 칼로리 소모량

수면 75칼로리

TV 시청 100칼로리

수영 200칼로리

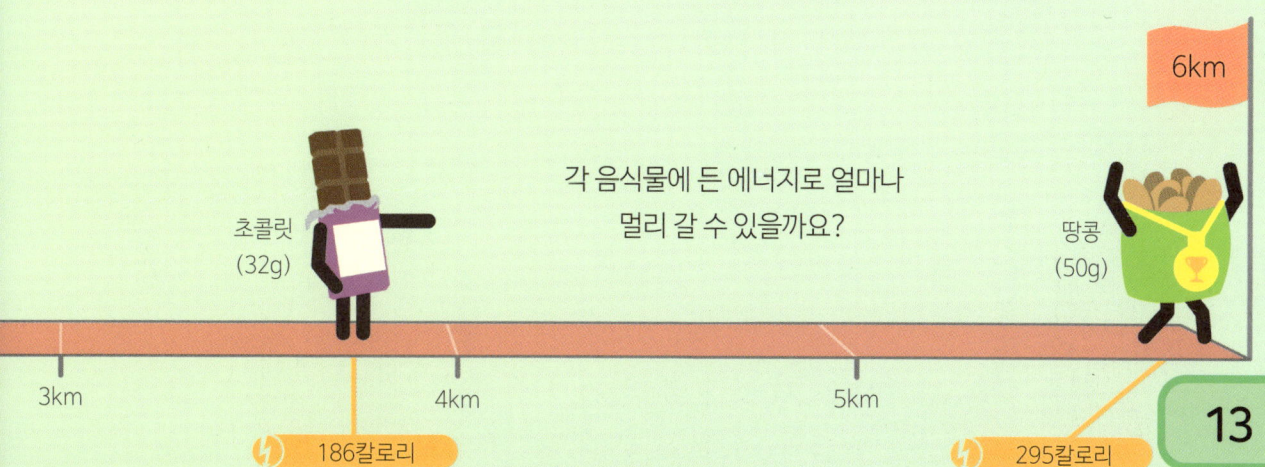

각 음식물에 든 에너지로 얼마나 멀리 갈 수 있을까요?

초콜릿 (32g) — 186칼로리

땅콩 (50g) — 295칼로리

3km   4km   5km   6km

폐의 활동

우리 몸의 세포는 음식물에 저장된 에너지를 꺼내쓰려고 주변 공기에 있는 산소를 이용해요. 이 과정에서 이산화탄소라는 유독한 노폐물이 만들어진답니다. 우리가 숨을 들이마시면 공기가 관을 통과해 허파꽈리라는 폐에 있는 아주 작은 공기주머니로 가요. 여기서 공기 속에 있는 산소를 뽑아 온몸의 세포로 전달하고 숨을 내쉬면 이산화탄소가 반대방향으로 움직여 밖으로 나간답니다.

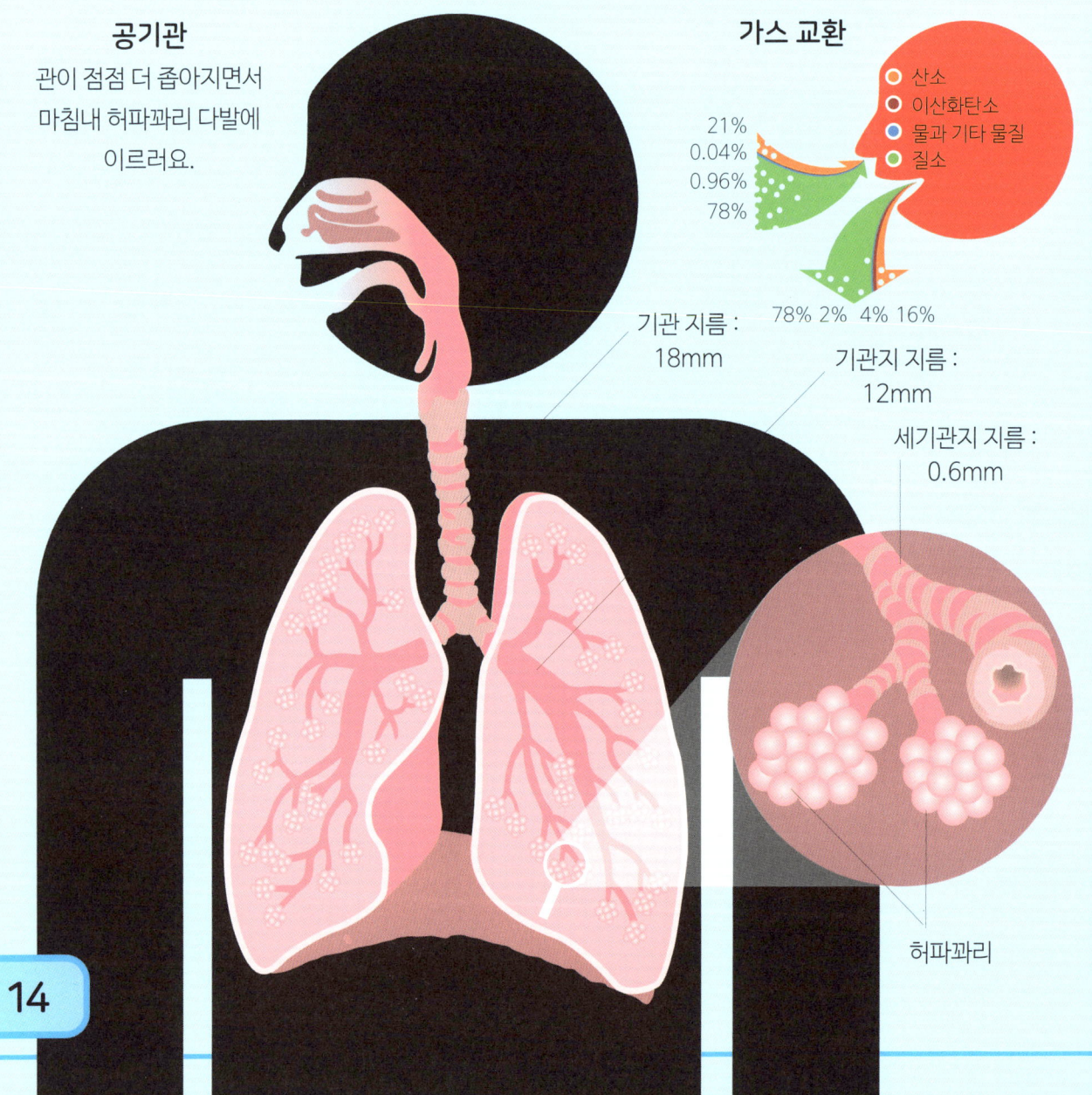

공기관
관이 점점 더 좁아지면서 마침내 허파꽈리 다발에 이르러요.

가스 교환
- 산소
- 이산화탄소
- 물과 기타 물질
- 질소

21%
0.04%
0.96%
78%

78% 2% 4% 16%

기관 지름 : 18mm

기관지 지름 : 12mm

세기관지 지름 : 0.6mm

허파꽈리

어른의 폐에 있는 허파꽈리를 옆으로 나란히 늘어놓으면 테니스코트 크기의 면적을 덮을 수 있어요.

5배 확대

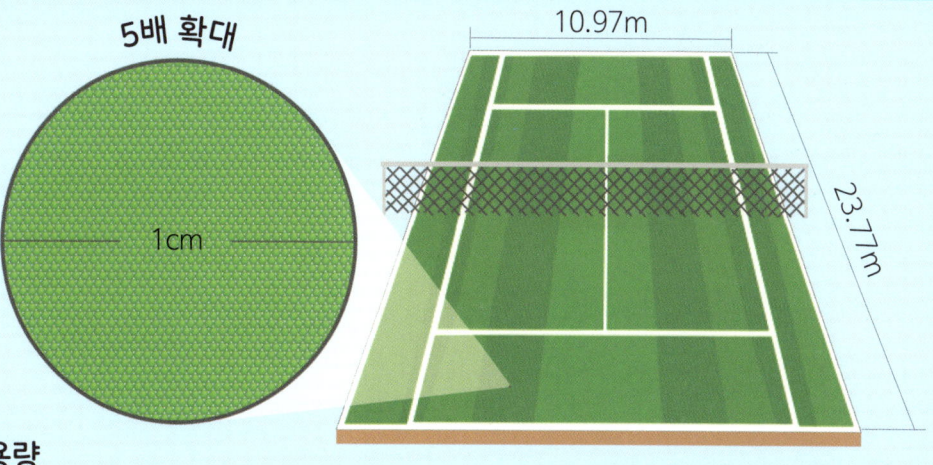

1cm

10.97m

23.77m

폐의 용량
어른의 폐는 대략 축구공 크기와 같아요.

축구공

미식축구공

남성의 폐
최대부피 6리터

여성의 폐
최대부피 4.2리터

기류의 속도

km/h
mph

정상호흡   기침   재채기

쉴 때와 놀 때
강력한 신체활동을 할 때보다 쉴 때 호흡이 더 깊고 느려져요.

쉴 때   격렬한 운동

00:01:00

1회 호흡하는 공기의 평균 부피	0.5리터	0.2리터
1분 동안 호흡하는 공기의 평균 부피	6리터	10리터

혈액 속에 있어요!

혈액은 우리 몸의 정맥과 동맥을 지나다니며 필요한 곳에 산소와 필수 화학물질을 전달하는 수송기관이에요. 또 혈액은 온몸의 독소를 집어내 노폐물을 제거하는 일을 하는 기관에 전달하기도 하지요. 또 혈액은 감염과 싸우는 일을 돕기도 해요. 혈액의 반 이상은 혈장이라는 맑고 연한 노란색 액체로 이루어져 있어요. 이 액체 속에 혈소판, 적혈구, 백혈구가 호르몬 등의 화학물질과 함께 떠 있답니다.

혈액 속에는 무엇이 있을까요?

- 90% 물
- 10% 단백질, 호르몬, 비타민, 콜레스테롤
- 55% 혈장
- 45% 세포성분

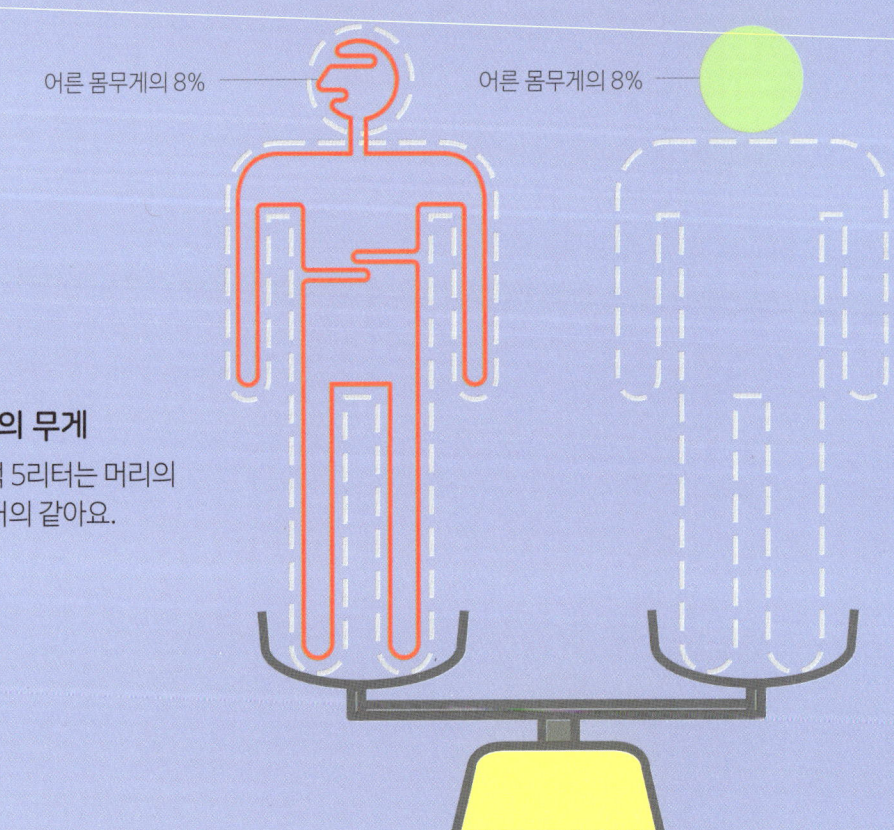

어른 몸무게의 8%

어른 몸무게의 8%

혈액의 무게
어른 몸의 혈액 5리터는 머리의 무게와 거의 같아요.

세포성분
백혈구 하나와 혈소판 40개당 적혈구 6백 개가 있어요.

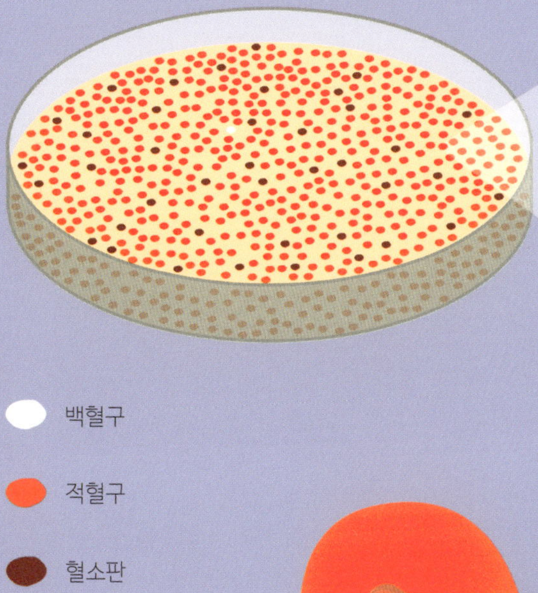

○ 백혈구
● 적혈구
● 혈소판

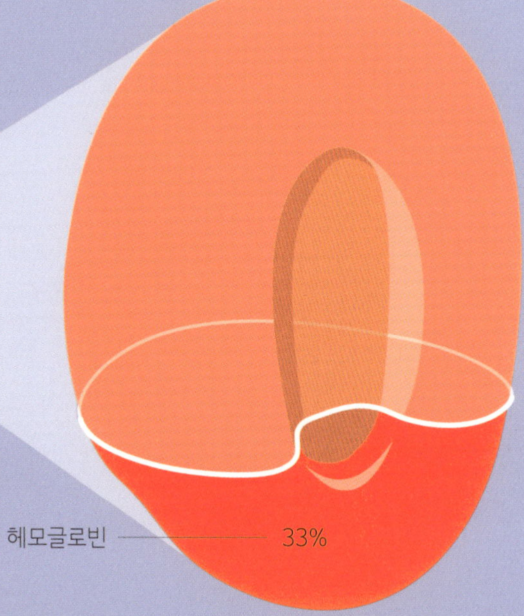

헤모글로빈 —— 33%

적혈구
철분이 풍부한 단백질인 헤모글로빈 덕분에 적혈구는 빨간색을 띠어요.

하루 철분의 재순환 과정
적혈구가 죽으면 혈관계에 다시 철분을 되돌려줘요.

산소의 운반
헤모글로빈 분자 하나가 산소 분자 네 개를 운반할 수 있어요.

우리 몸의 수송망

두뇌
왼쪽 폐
오른쪽 폐
심장
간
비장
위
장
오른쪽 신장
왼쪽 신장
두뇌 노선
심장 노선
신장 노선
근육 노선
소화 노선
폐 노선

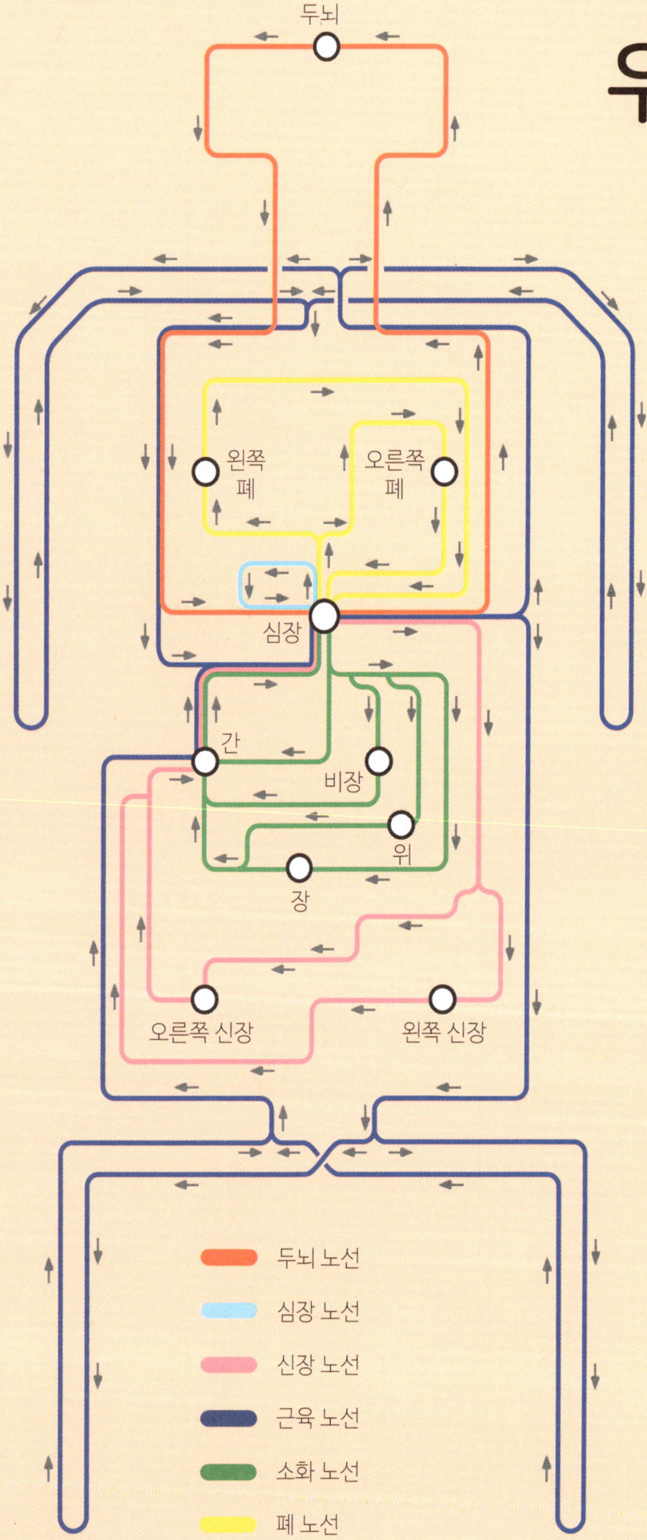

우리 몸은 필요한 곳에 혈액을 공급하는 효율적인 수송망을 갖추고 있어요. 1분에 약 5리터의 혈액이 우리 몸을 한 바퀴 돌아요. 혈액은 혈관을 통해 지나가고 강력한 펌프인 심장이 계속해서 혈액을 움직여요. 심장은 대략 1초에 한 번, 하루에 10만 번 넘게 뛴답니다. 혈액은 이동 중에 영양소와 산소를 나눠주고 노폐물과 부산물을 거둬들여요.

노선마다 운반하는
혈액의 양이 달라요
분당
리터
5.0
4.0
3.0
2.0
1.0
0

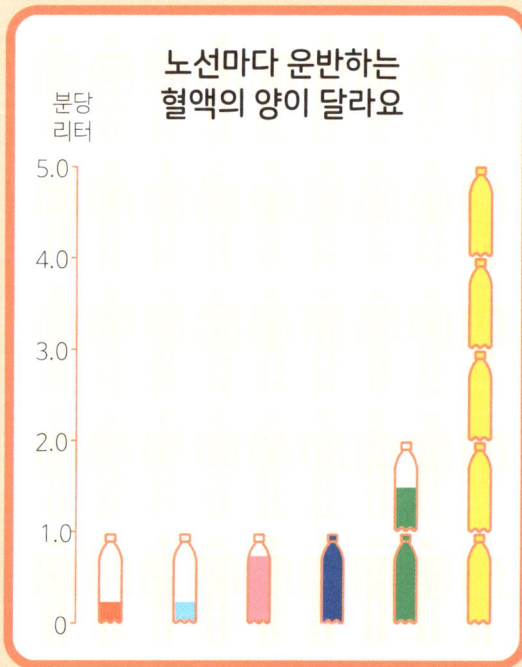

혈액 세포는 위 지도의 스위스 횡단여행처럼 120일 수명 동안 480km를 움직여요.

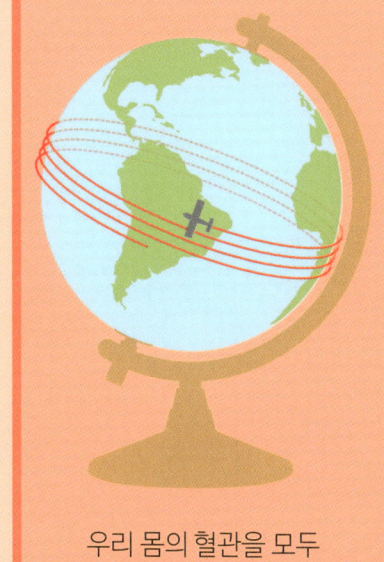

우리 몸의 혈관을 모두 옆으로 늘어놓으면 지구를 네 바퀴 남짓 돌 수 있는 15만km에 달해요.

심장은 시간이 흐를수록 엄청난 양의 혈액을 내보내요

- 1분 : 5리터(작은 석유통 하나)

- 1시간 : 300리터(석유 2배럴 이상)

- 1일 : 7,200리터(석유 45배럴 정도)

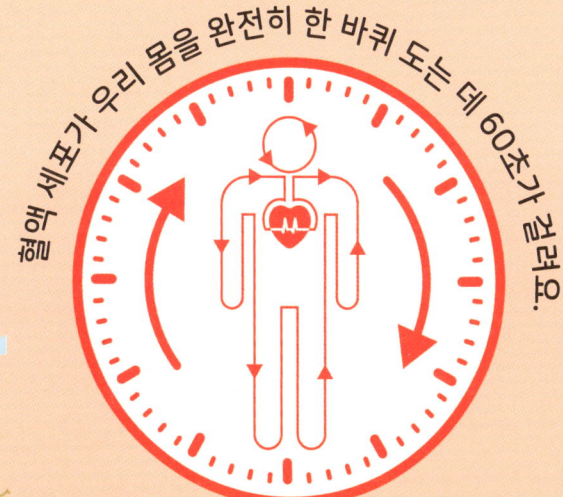

혈액 세포가 우리 몸을 완전히 한 바퀴 도는 데 60초가 걸려요.

백만 배럴
2.0
1.5
1.0
0.5
0

- 70년 : 1억8천4백만 리터(석유 120만 배럴) 초대형 유조선 절반 이상을 채울 수 있어요.

우리 몸을 덮은 피부

만약 피부가 없다면 우리 몸의 기관들과 액체로 된 부분이 모두 밖으로 쏟아져버릴 거예요. 또 해로운 미생물과 날씨에 고스란히 노출될 수 있고 어딘가에 부딪히거나 충돌할 수도 있겠죠. 무언가 닿는 감각과 온도를 느낄 수도 없게 되고 몸이 지나치게 뜨거워지거나 차가워질 수도 있어요. 인간의 피부는 모두 세 겹의 층으로 이루어져 있답니다. 가장 바깥층인 표피는 대략 35일에 한 번씩 떨어져 새것으로 교체돼요.

부지런한 피부는 여러 가지 역할을 해요

천연 자외선차단제
해로운 자외선으로부터 우리 몸을 보호해요.

우리 몸의 갑옷
지방으로 이루어진 피부는 충격을 흡수해 기관과 뼈를 보호해요.

감각기관
신체적인 접촉과 열, 추위, 진동, 압력과 통증에 반응해요.

온도조절기
털과 혈관, 땀샘을 이용해 37℃라는 이상적인 체온을 유지해요.

방수 코트
물질이 몸속으로 들어가는 것을 막고 습기가 빠져나가는 것을 막아줘요.

비타민 생성
햇빛을 이용해 비타민 D를 만들어요.

감염 방지
미생물을 감지하고 감염되지 않게 몸을 지켜요.

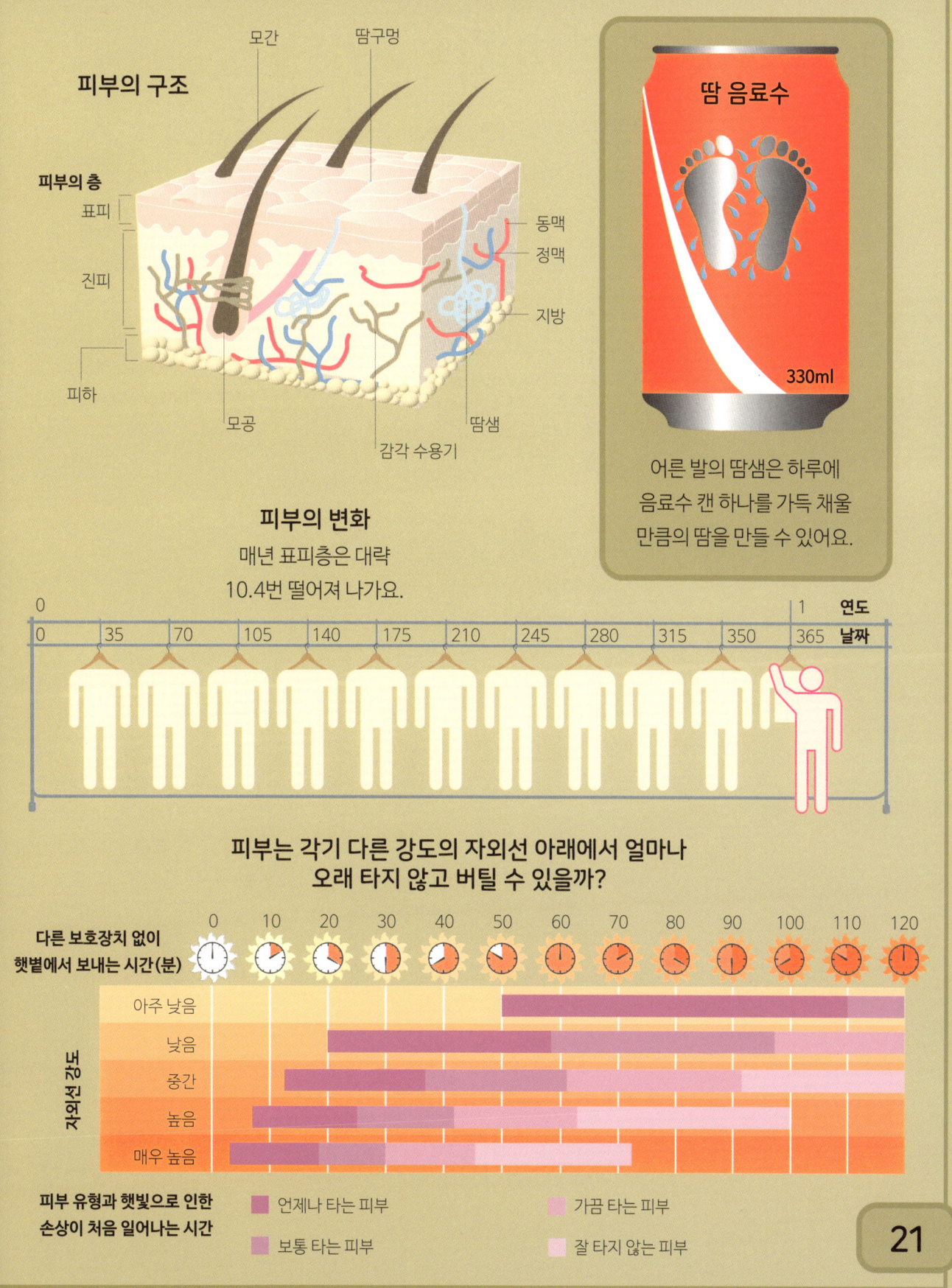

머리부터 발끝까지

머리카락과 손톱은 다듬고 꾸미는 게 전부라고 여길지 모르지만, 사실 그보다 실용적인 쓰임새가 있답니다. 우리 몸 곳곳에 난 수백만 개의 털은 추위로부터 우리 몸을 지켜주고 손톱의 단단한 표면은 손가락과 발가락 끝을 보호해주지요. 물론 손톱은 가려운 곳을 긁는 데도 유용하게 쓰이죠! 털과 손톱은 피부의 가장 위쪽 층이 변형된 형태로 모두 케라틴이라는 물질로 이루어져 있어요.

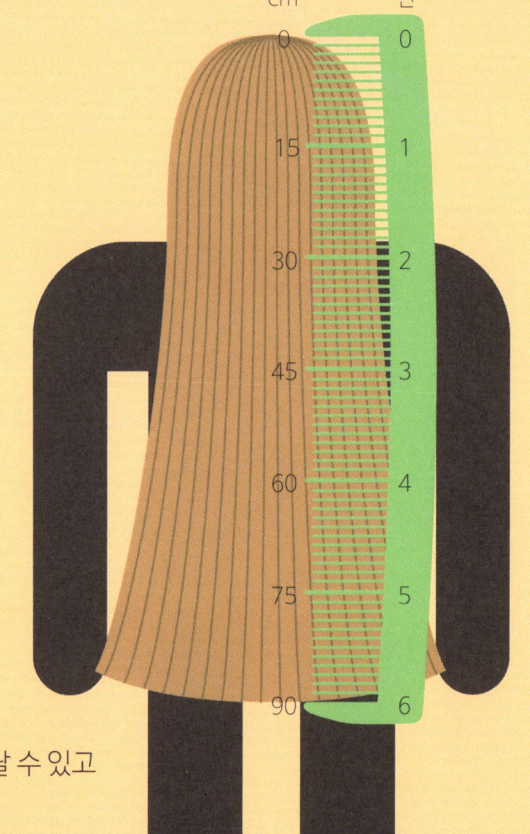

길고 짧은 머리카락
머리카락은 매년 15cm까지 자랄 수 있고 수명은 6년이랍니다.

머리카락 10만 가닥

12톤

코끼리의 강도
한 사람의 머리카락을 모두 합하면 코끼리 두 마리의 무게를 견딜 수 있을 만큼 강해져요.

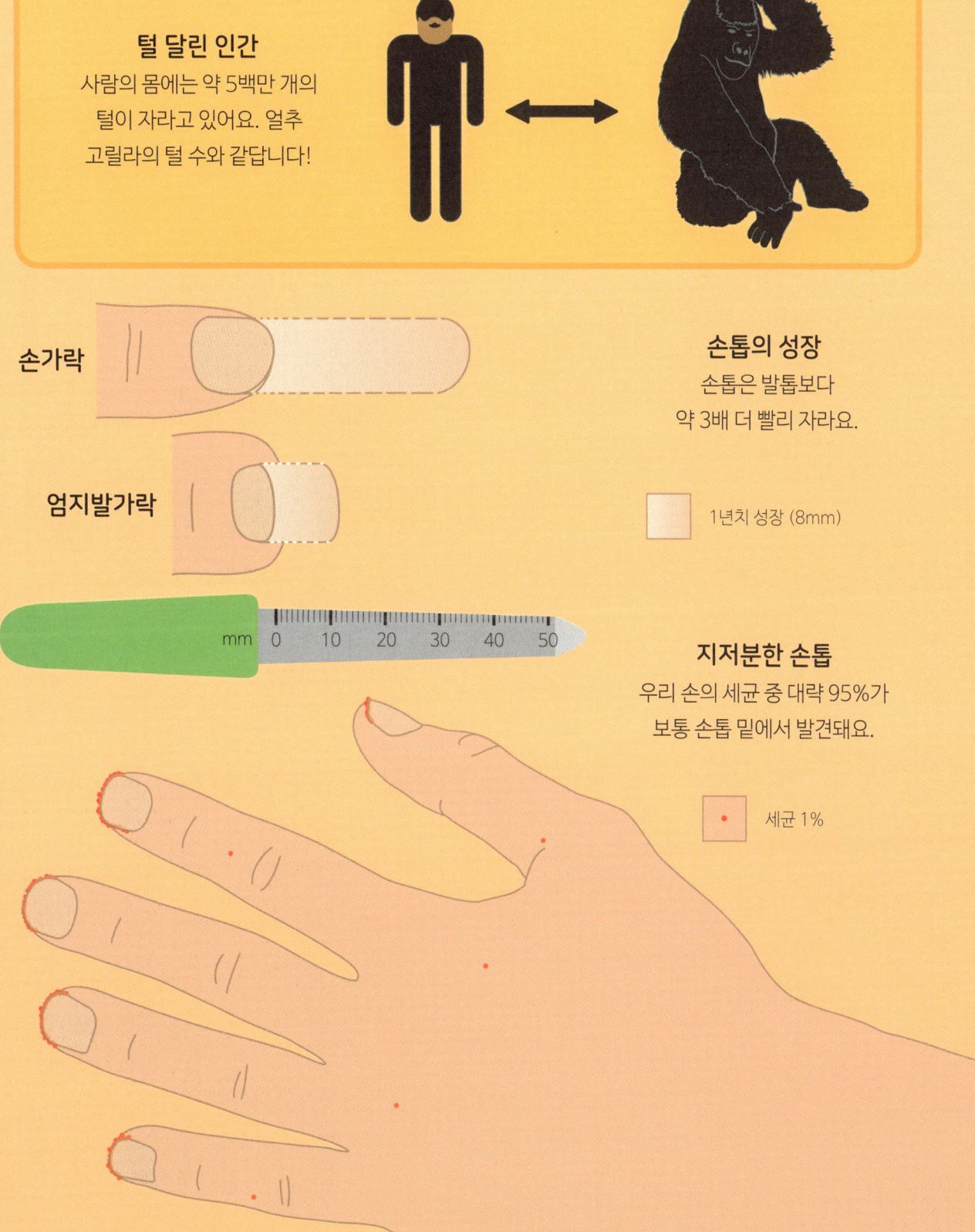

우리 몸의 방어장치

우리 몸은 감염성 미생물로부터 자신을 지킬 수 있어요. 피부는 맨 바깥에서 방어막을 이루고 있어요. 또 피부를 베이면 딱지를 만들어 미생물이 안으로 들어오지 못하게 막는답니다. 입을 통해 들어오는 미생물은 대부분 위산을 만나 죽어요. 또 콧속의 털은 우리가 들이마시는 공기를 걸러준 답니다. 이런 방어막을 모두 뚫고 들어온 나쁜 미생물은 백혈구 부대가 나서서 모두 파괴해요.

방어선

첫 번째 방어선
- 신체적인 장벽

두 번째 방어선
- 백혈구를 만들고 키우는 곳
- 백혈구가 모여 있는 곳

주요 부위: 코털과 점액, 아데노이드, 편도선, 입속 침, 가슴샘, 비장, 파이어판, 충수, 림프절, 림프관, 골수, 피부

상처가 낫는 시간

0일~2일
피가 엉기고 딱지가 생기기 시작해요.

3일
세포가 증식하면서 새로운 피부조직을 만들어요.

몇 주~몇 달
피부가 재생되면서 상처를 봉합해요.

액체의 산성이나 알칼리성 정도를 보여주는 표에요.
배터리산은 액체 중 가장 높은 산성을 보여요. 위산 역시 강력한
산성을 띠므로 감염성 미생물을 거뜬하게 죽일 수 있어요.

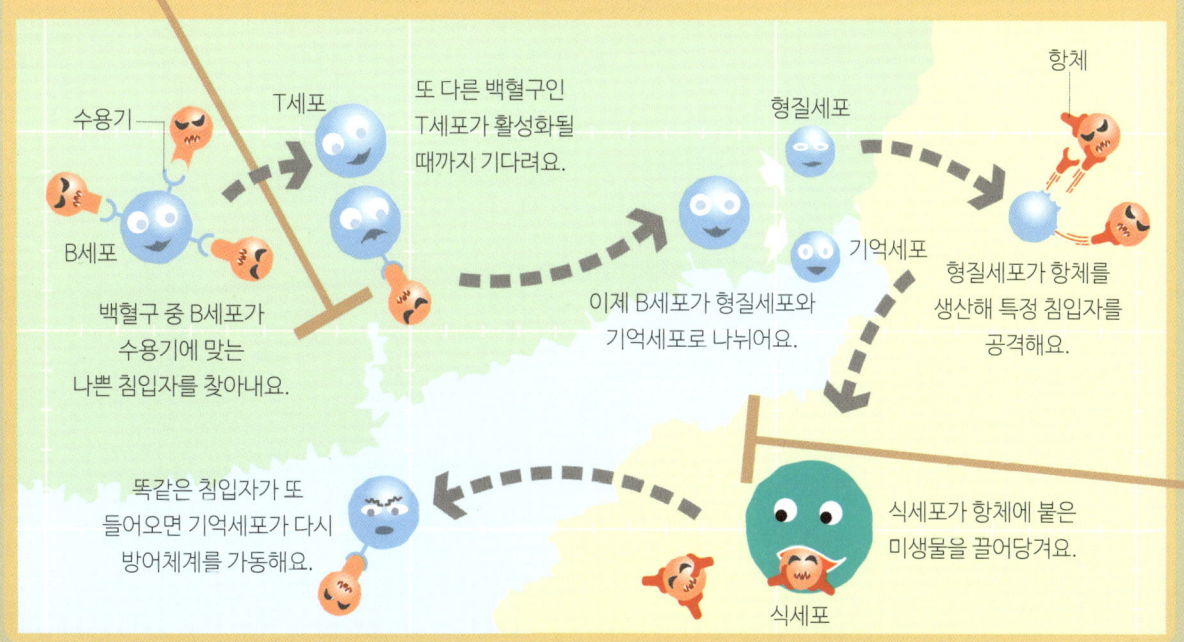

외부의 침입

세균은 20분마다 두 배로 늘어나요. 침입한 세균을 그대로 놔두면 36시간 안에 지구 전 표면을 덮을 만큼 늘어날 수 있답니다.

인체의 침입자

세균이나 바이러스 같은 나쁜 미생물이 우리 몸속으로 침입해오면 매우 빠른 속도로 번식해 우리 몸의 조직을 손상해요. 이때 우리 몸은 기침이나 열, 통증, 피로 같은 증상으로 반응한답니다. 이런 증상을 통해 아프다고 느끼는 거예요. 바이러스와 세균은 공기를 통해 감염되기도 하고 해로운 미생물이 묻은 것과 접촉해 전염되기도 해요.

세포 침입자
바이러스 침투의 3단계

1단계
하나의 바이러스가 세포를 점령해요.

2단계
바이러스가 이 세포를 이용해 분열해요.

3단계
바이러스가 터져나가면서 이 세포를 파괴하고 더 많은 세포를 감염시키려고 해요.

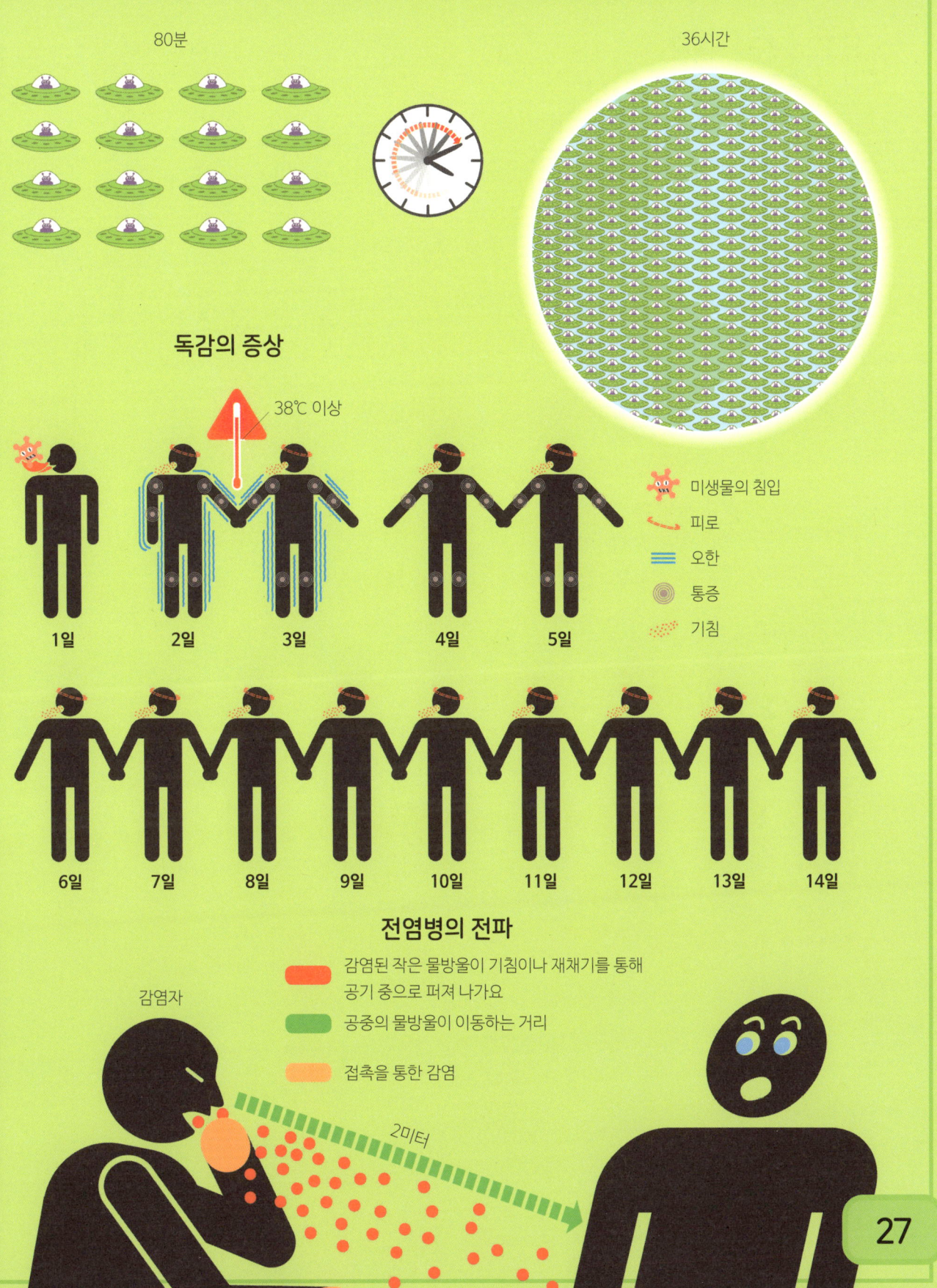

생명의 물

우리 몸무게의 반 이상은 물로 이루어져 있어요. 우리 몸은 물이 있어야 꼭 해야 하는 일들을 처리할 수 있어요. 예를 들어 물은 중요 기관의 노폐물을 없애주고 세포에 영양소를 전달하며 체온을 조절한답니다. 또 소변과 땀과 호흡의 형태로 물이 빠져나가기 때문에 마실 것과 먹을 것으로 물을 보충해주지 않으면 탈수가 돼요.

몸속의 물

나이가 들어갈수록 몸속 물의 양도 줄어요.

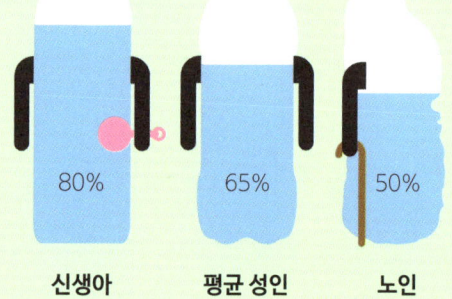

신생아 80%   평균 성인 65%   노인 50%

평균 성인의 신체기관과 뼈, 치아 속 물의 함량

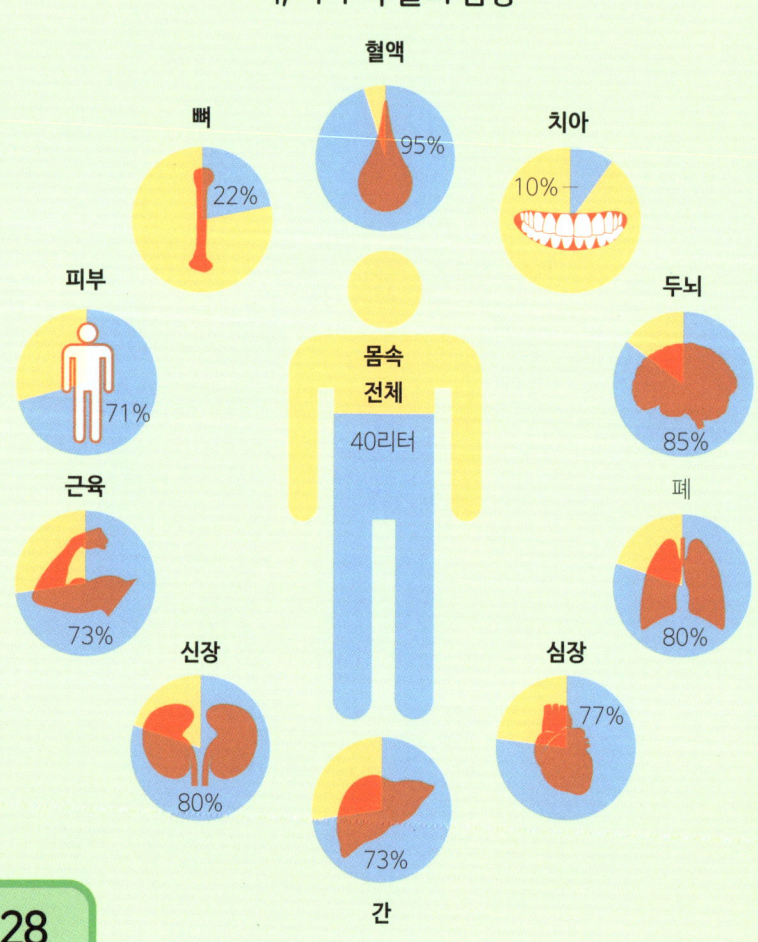

- 혈액 95%
- 뼈 22%
- 치아 10%
- 피부 71%
- 두뇌 85%
- 근육 73%
- 폐 80%
- 몸속 전체 40리터
- 신장 80%
- 심장 77%
- 간 73%

음식물 속의 물

- 35%
- 61%
- 75%
- 87%
- 95%

음식의 종류에 따라 물의 함량도 달라요.

물의 높이

우리 몸은 들어오는 물과 빠져나가는 물 사이의 균형을 이루어야 해요.

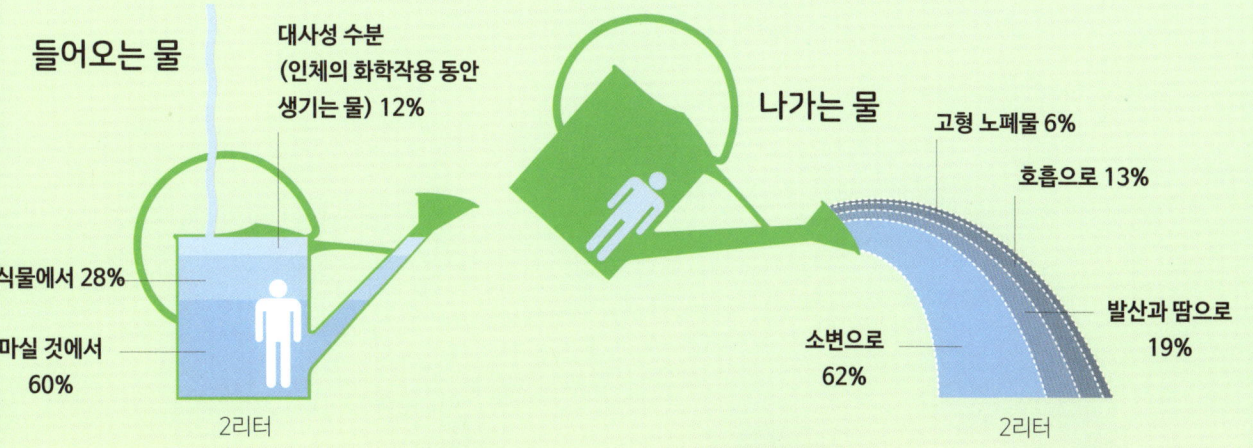

들어오는 물
- 대사성 수분 (인체의 화학작용 동안 생기는 물) 12%
- 음식물에서 28%
- 마실 것에서 60%
- 2리터

나가는 물
- 고형 노폐물 6%
- 호흡으로 13%
- 발산과 땀으로 19%
- 소변으로 62%
- 2리터

탈수의 단계

물이 많이 빠져나갈수록 탈수 증상도 더 심각해져요.

 1.5리터
 3리터
 4리터

증상

- **갈증**
- 동작이 느려지고 극도로 피곤을 느끼며 메스껍고 감정적으로 불안정해요.
- 동작이 서툴고 두통을 느끼며 체온과 맥박과 호흡률이 올라가요.

 5리터
 6리터
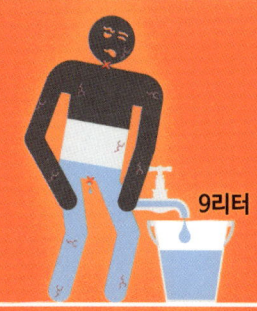 9리터
 12리터

- 어지럽고 말이 어눌해지며 기력이 약해지고 혼란을 느껴요.
- 헛소리를 하고 혀가 부으며 순환의 문제가 생기고 혈액량이 줄어들며 신부전이 생겨요.
- 삼킬 수 없게 되며 배뇨통이 느껴지고 피부가 갈라져요.
- 생명을 위협하는 수준의 탈수에요.

노폐물의 처리

우리 몸은 필수 화학작용을 하는 동안 다양한 노폐물을 만들어내요. 대다수 노폐물은 신장이라는 두 개의 기관을 통해 혈액 속에서 걸러져요. 신장은 노폐물을 걸러내고 유용한 물질을 몸으로 되돌려보내요. 또 신장은 남는 물을 소변의 형태로 주머니처럼 생긴 방광으로 보내요. 방광이 가득 차면 두뇌가 화장실에 가 소변을 배출하라고 말해준답니다.

매일 심장이 신장으로 내보내는 혈액의 부피는 커다란 쓰레기통을 가득 채울 만큼이에요.

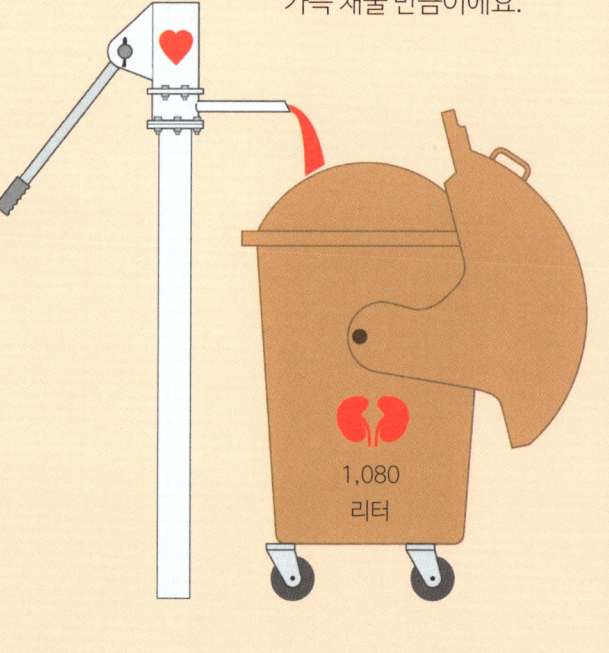

1,080 리터

소변 샘플
건강한 사람의 소변에는 이러한 물질이(오른쪽 그림) 들어 있어요.

1.5리터
95% 물
5% 노폐물
하루 소변 배출량

노폐물
- 요산 : 0.6g
- 중탄산염 이온 : 1.2g
- 크레아티닌 : 2.7g
- 칼륨 이온 : 3.2g
- 나트륨 이온 : 4.1g
- 염화 이온 : 6.6g
- 요소 : 25.5g

심장에서 내보낸 혈액

혈관계로 돌아가는 혈액

혈액여과체계

물과 녹은 물질로 이루어진 여과수

여과와 처리

여과체계는 혈액에서 180리터의 액체를 제거해요. 이 가운데 1.5리터가 노폐물로 버려지는 소변이에요.

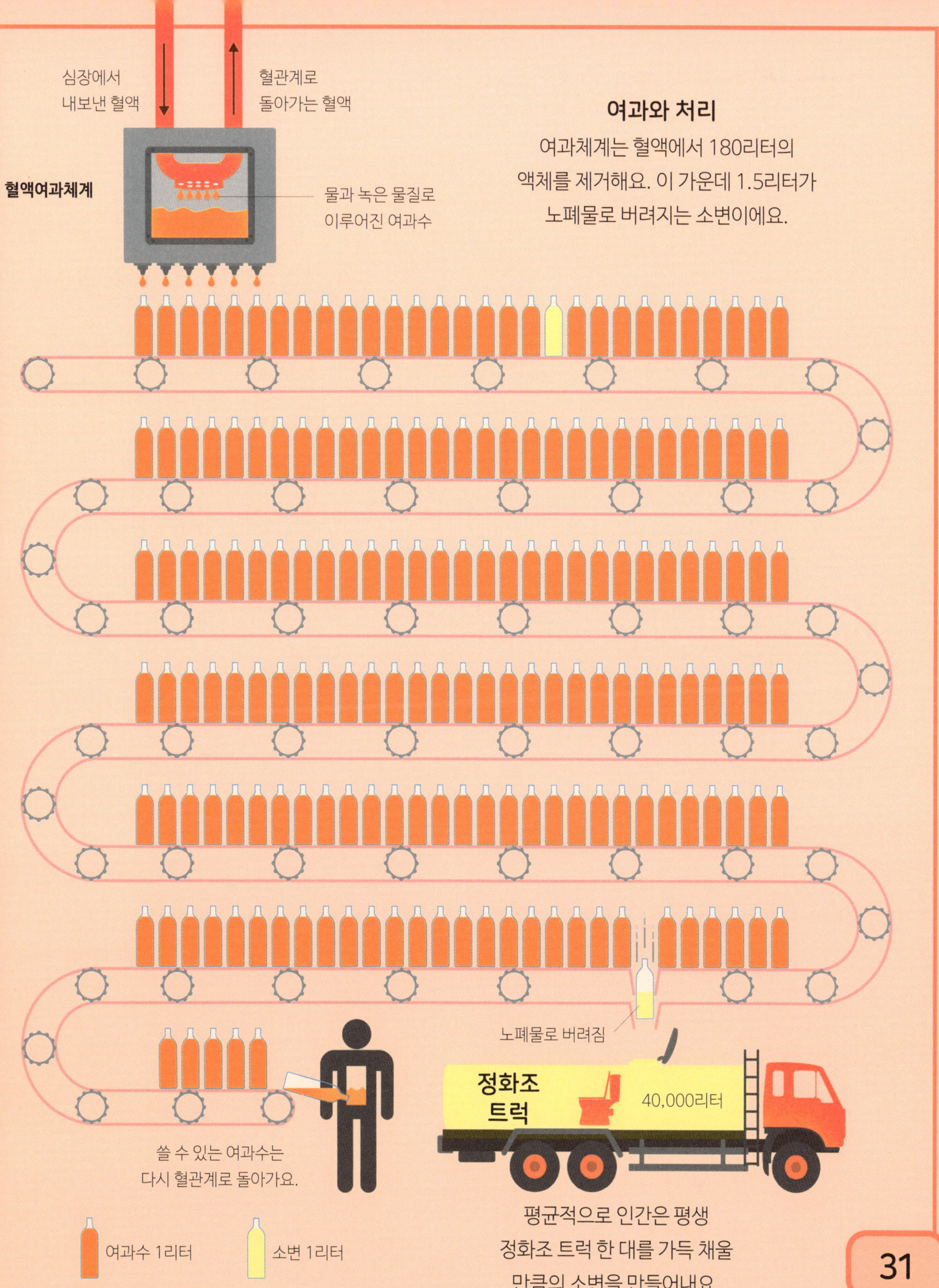

노폐물로 버려짐

쓸 수 있는 여과수는 다시 혈관계로 돌아가요.

여과수 1리터

소변 1리터

정화조 트럭 40,000리터

평균적으로 인간은 평생 정화조 트럭 한 대를 가득 채울 만큼의 소변을 만들어내요.

극한에 대처하기

우리 몸에는 열을 조절하는 체계가 있어서 따뜻할 때나 추울 때나 최적의 체온인 37℃를 유지할 수 있어요. 그러나 극한의 추위나 열, 낮은 산소수준에는 대응할 수가 없답니다. 이처럼 극한의 상황을 극복하려고 우리는 따뜻한 옷을 입거나 에어컨을 켜거나 공기공급장치를 이용하는 법을 배워왔어요.

37℃   25℃

체온 조절
추워지면 몸이 핵심 기관으로 열을 보내요.

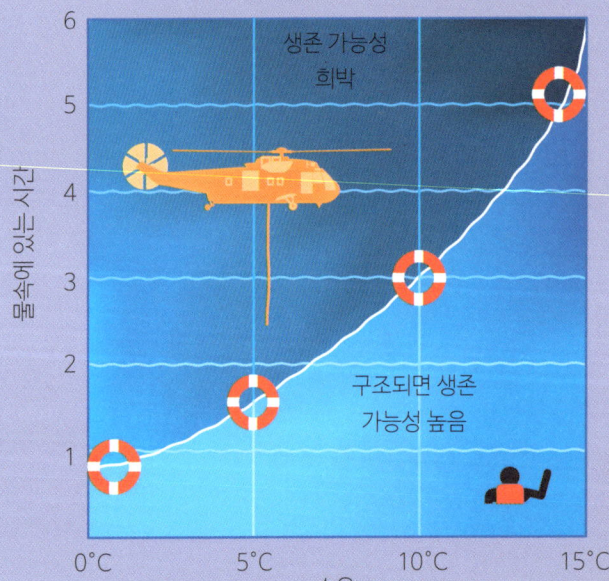

차가운 물속에서의 생존시간
생존 가능성 희박
구조되면 생존 가능성 높음
물속에 있는 시간
수온

두통과 어지러움

증상 없음

심부체온 감소의 위험

저체온증의 단계

37℃~35℃
떨림

마음을 움직여요

두뇌는 우리 몸의 통제센터에요. 심장박동과 호흡을 조절하고 잠이 들게 하고 움직이는 법을 알려주는 등 신체의 모든 필요한 기능을 조종해요. 또한, 두뇌는 외부세계로부터 정보를 받아들여 해석하고, 생각할 수 있게 해주며, 기억을 저장하고, 성격을 부여하고, 감정을 통제할 수 있게 해줘요. 두뇌는 뉴런이라는 수십억 개의 신경세포망을 통해 아주 작은 전자신호 수백만 건을 주고받으며 이 모든 일을 관장한답니다.

두뇌의 힘
두뇌는 전구 하나를 켤 수 있는 23와트의 에너지를 사용해요.

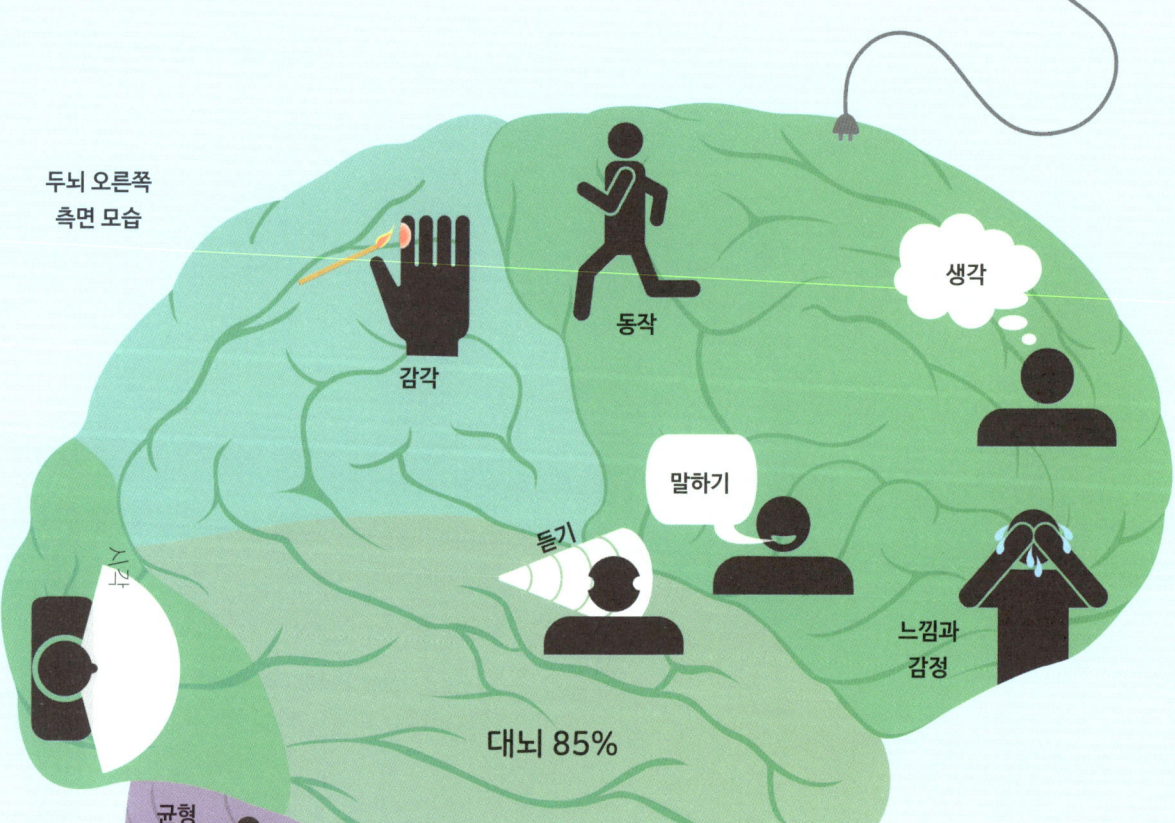

두뇌 오른쪽 측면 모습

감각 / 동작 / 생각 / 듣기 / 말하기 / 느낌과 감정 / 시각 / 균형 / 소뇌 11% / 대뇌 85% / 호흡과 심장박동 / 눈과 얼굴의 움직임 / 뇌간 4%

두뇌의 부위
두뇌는 크게 세 부분으로 이루어져 있어요. 이 부분 속의 부위마다 각기 다른 기능을 맡고 있어요.

생각이 많은 두뇌
우리는 하루에 7만 개의 생각을 한답니다.

산소의 사용
두뇌는 우리가 들이마시는 산소의 약 20퍼센트를 사용해요.

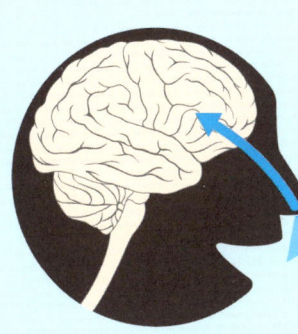

우리 두뇌에는 은하 속의 별들만큼이나 많은 뉴런이 있답니다.

수상돌기
신경핵
뉴런
축색돌기 말단

두뇌의 두 반구
좌뇌는 논리적인 쪽, 우뇌는 창조적인 쪽이에요.

위에서 본 뇌의 모습

뇌의 크기
평균적인 두뇌는 작은 멜론 크기로 무게는 약 1.4kg에요.

인체의 인터넷

우리 몸에는 신경계라는 의사소통 수단이 내장되어 있어요. 신경계는 우리 몸의 거의 모든 활동을 조정하고 통제해요. 마치 우리가 전화통화를 하고 인터넷을 하면서 사용하는 체계와 비슷하답니다. 신경계나 인터넷이나 모두 한쪽에서 다른 쪽으로 메시지를 전달하기 위해 고안된 장치예요. 이 메시지는 전자신호 혹은 파동의 형태로 전선처럼 생긴 구조물 다발을 따라 이동해요. 이때 우리 몸의 전선을 신경이라고 불러요.

신경계는 크게 세 부분으로 이루어져 있어요. 두뇌, 등을 따라 아래로 뻗어 있는 척수, 그리고 우리 몸 전체에 퍼져 있는 말초신경이랍니다.

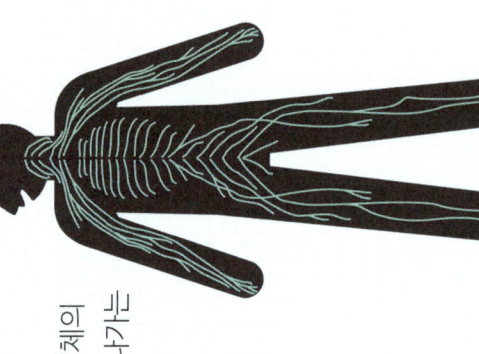

말초신경계

두뇌와 척수에서 신체의 모든 부분으로 뻗어나가는 신경망이에요.

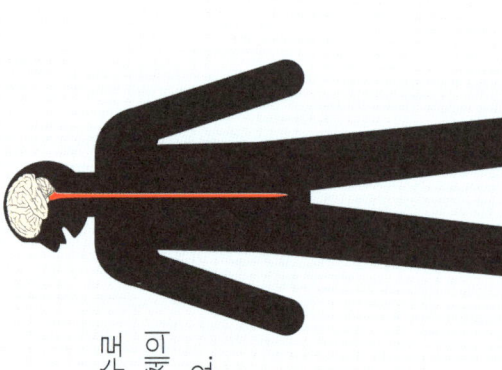

중추신경계

중추신경계는 두뇌와 척수로 이루어져 있고 두뇌를 신체의 여러 부분과 연결해줘요.

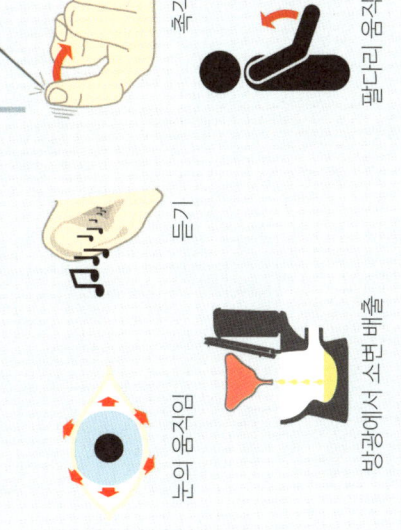

체성신경계
감각에 관한 메시지도 있고 또 생각으로 자유롭게 실행하고 통제할 수 있는 동작에 관한 메시지도 있어요.

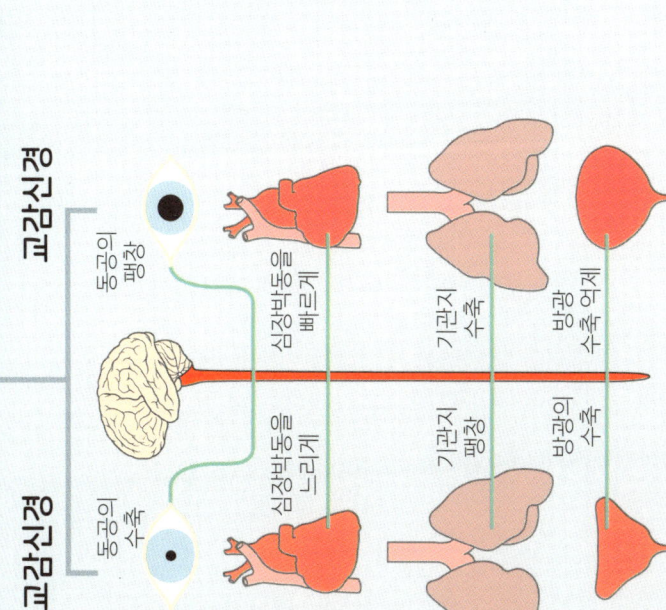

자율신경계
신체의 자율적인 과정을 다루어요. 자율적인 과정이란 우리가 의식하지 않는 상태에서 스스로 일어나는 일이랍니다.

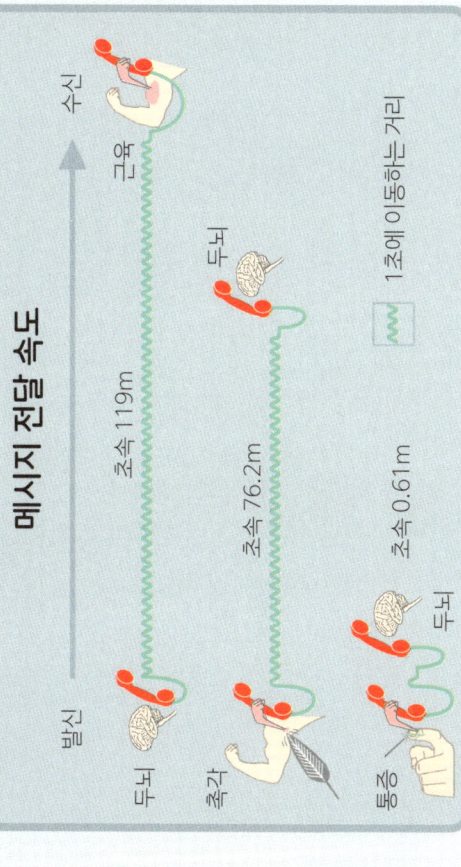

메시지 전달 속도

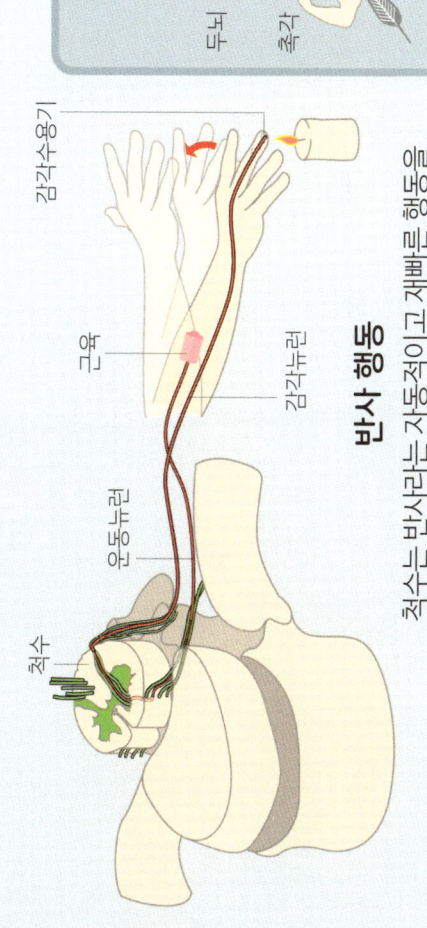

반사 행동
척수는 반사라는 자동적이고 재빠른 행동을 통제해요. 이러한 반사에는 뜨거운 불꽃에서 재빨리 손을 떼는 행동도 포함돼요.

숙면

네 단계로 이루어진 깊은 비렘수면 다음에 눈동자를 앞뒤로 재빨리 움직이는 얕은 렘수면 상태가 찾아와요.

쿨쿨 잠꾸러기

자는 동안 아무것도 하지 않는 것 같지만 사실 두뇌는 이 시간에도 매우 활동적으로 움직여요. 과학자들은 뇌파 측정기를 이용해 뇌파 – 두뇌 세포가 만들어내는 전기활동 무늬 – 를 포착해 보여줘요. 뇌파 무늬는 한 차례의 수면 중에도 몇 번이나 변한답니다. 잠에는 눈동자가 재빠르게 움직이는 렘수면과 그렇지 않은 비렘수면이 있어요.

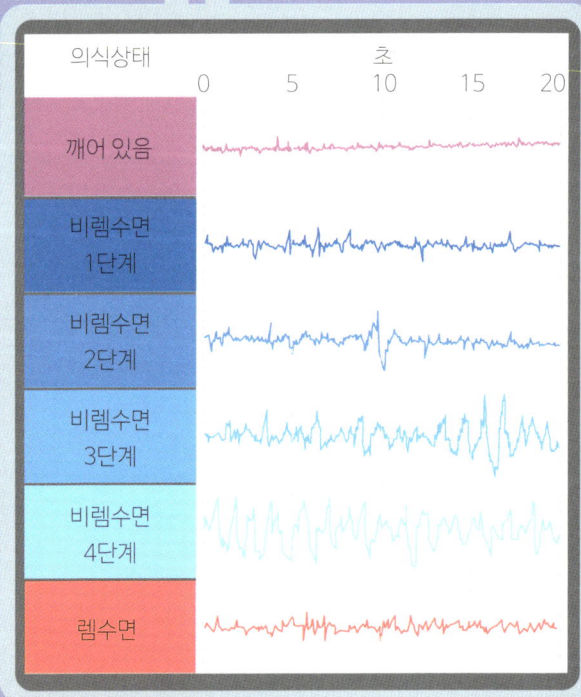

뇌파 활동
렘수면 상태보다 비렘수면 상태일 때 뇌파가 더 적어요.

단잠

어른은 하룻밤에 약 다섯 번의 꿈을 꾸는데 꿈은 보통 렘수면 도중에 꿔요.

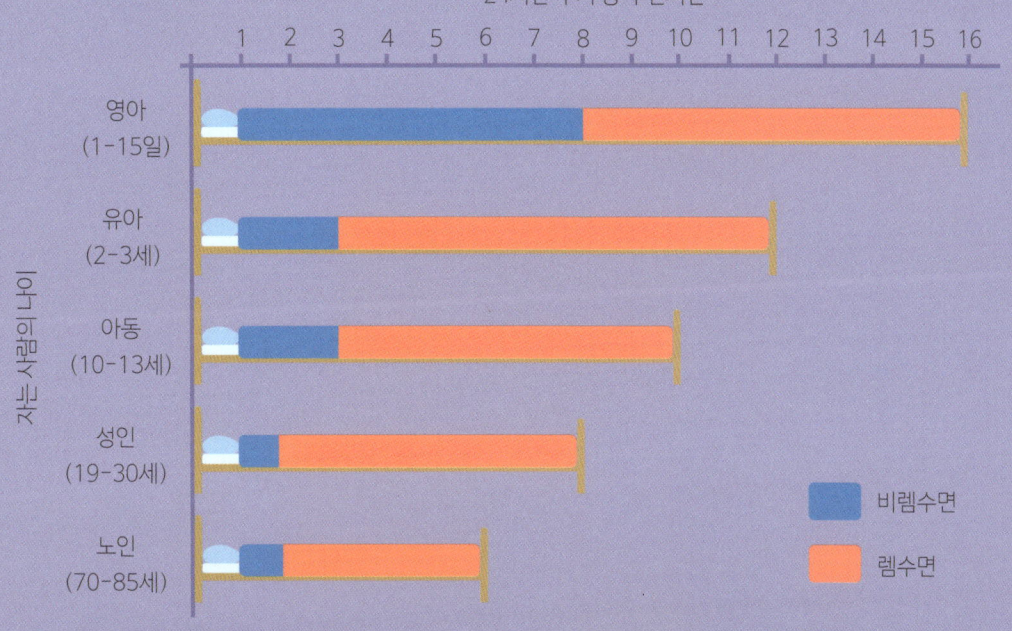

24시간 주기 중 수면시간

자는 사람의 나이:
- 영아 (1-15일)
- 유아 (2-3세)
- 아동 (10-13세)
- 성인 (19-30세)
- 노인 (70-85세)

■ 비렘수면
■ 렘수면

일하고 쉬고 놀아요

평균적으로 사람들은 1년의 3분의 1가량을 자면서 보내요.

33%
122일

67%
243일

시각

우리 눈은 주변 세계를 사진으로 찍은 다음 두뇌로 보내요. 눈에 있는 수정체가 카메라 렌즈처럼 눈 뒤편 안쪽에 있는 망막에 빛을 모아줘요. 이곳의 특별한 세포들이 빛이 만드는 모양을 기록해 그 정보를 두뇌에 전송해요. 그러면 두뇌는 우리 눈이 무엇을 보는지 알 수 있게 된답니다.

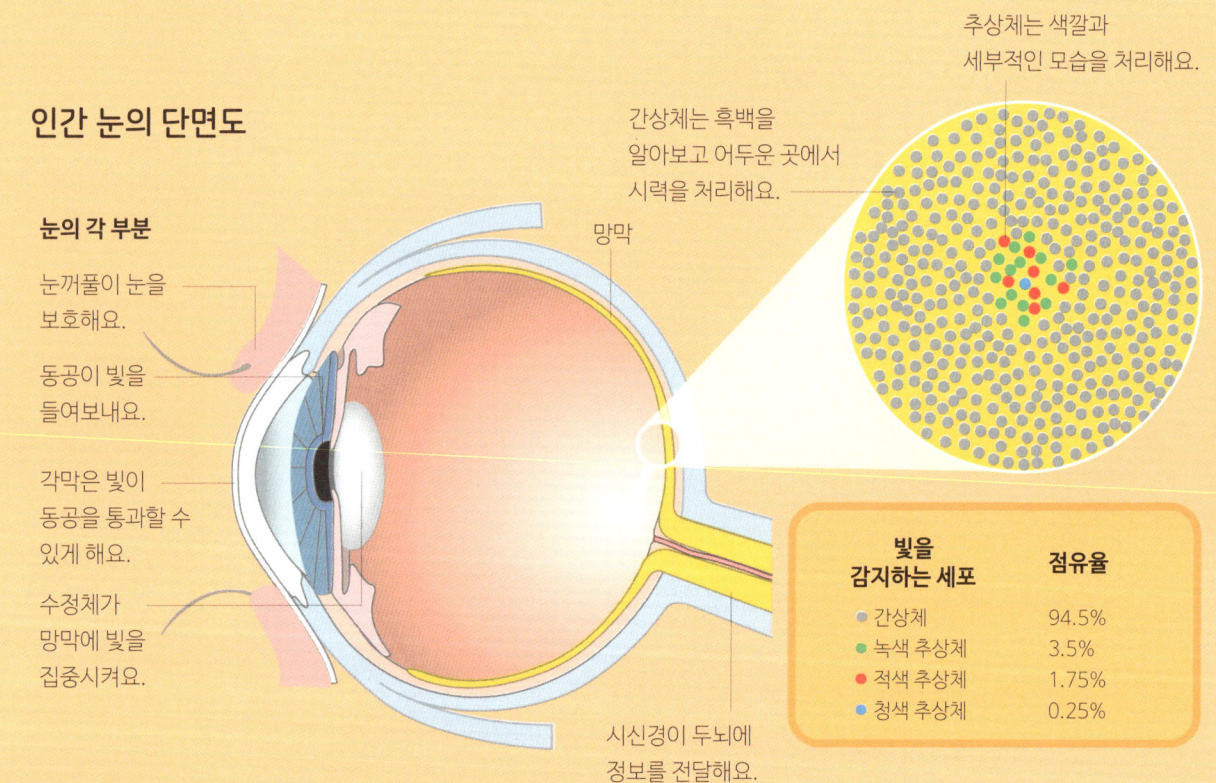

인간 눈의 단면도

눈의 각 부분
- 눈꺼풀이 눈을 보호해요.
- 동공이 빛을 들여보내요.
- 각막은 빛이 동공을 통과할 수 있게 해요.
- 수정체가 망막에 빛을 집중시켜요.
- 시신경이 두뇌에 정보를 전달해요.
- 망막
- 간상체는 흑백을 알아보고 어두운 곳에서 시력을 처리해요.
- 추상체는 색깔과 세부적인 모습을 처리해요.

빛을 감지하는 세포	점유율
간상체	94.5%
녹색 추상체	3.5%
적색 추상체	1.75%
청색 추상체	0.25%

청각

시각과 마찬가지로 청각도 주변에서 일어나는 일에 관한 정보를 두뇌에 전달해요. 사람들의 말소리처럼 우리가 듣는 소리는 음파라는 보이지 않는 진동으로 이루어져 있어요. 이 음파가 공기를 통해 여러 방향으로 퍼지는 거예요. 귀가 음파를 모아 우선 기계적인 진동으로 바꾼 다음 두뇌가 이해할 수 있는 전기신호로 바꾼답니다.

빛, 렌즈, 작용

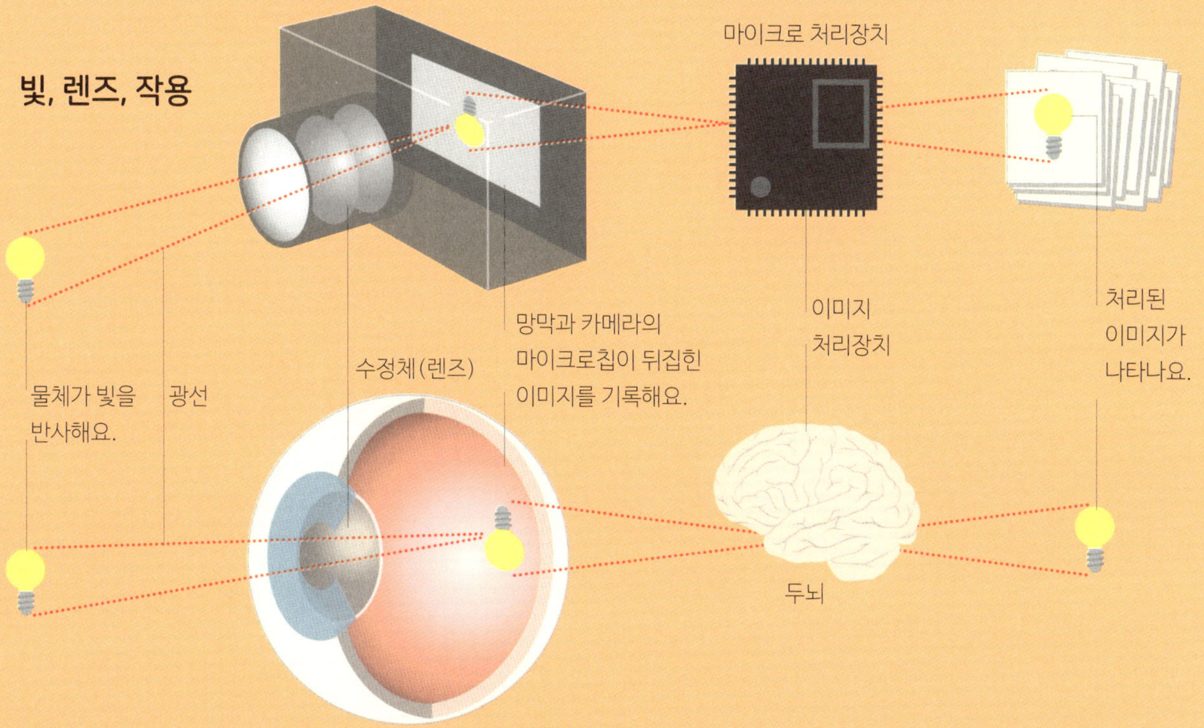

- 물체가 빛을 반사해요.
- 광선
- 수정체(렌즈)
- 망막과 카메라의 마이크로칩이 뒤집힌 이미지를 기록해요.
- 마이크로 처리장치
- 이미지 처리장치
- 처리된 이미지가 나타나요.
- 두뇌

듣는 과정

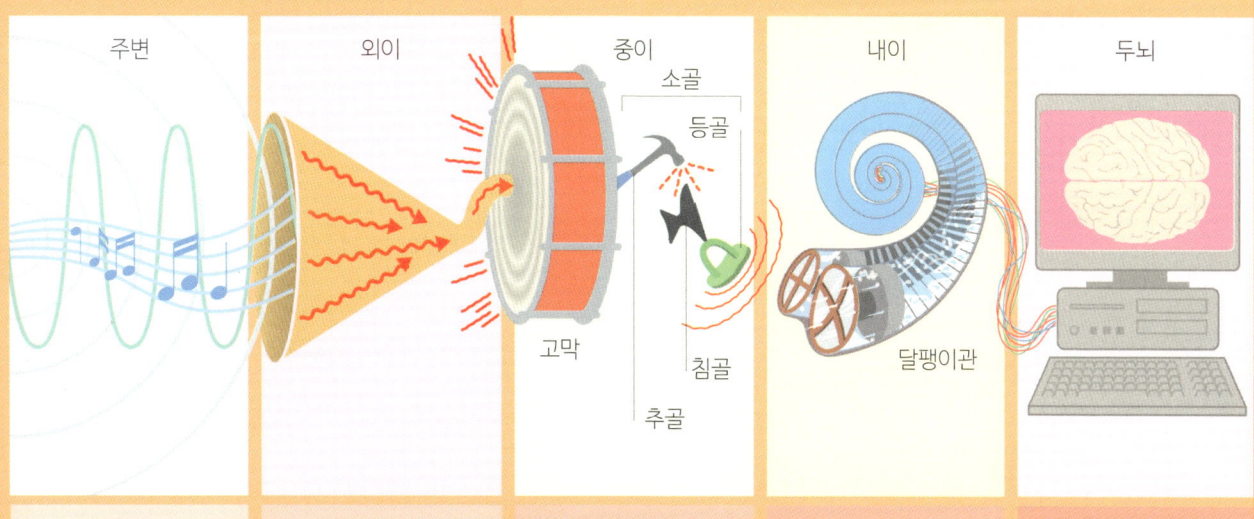

주변	외이	중이	내이	두뇌
		소골 / 등골 / 침골 / 추골 / 고막	달팽이관	
수신 보이지 않는 음파가 공기 중에서 움직이다가 귀로 다가와요.	**수집** 트럼펫 모양의 외이가 음파를 모아 고막 쪽으로 보내요.	**진동** 음파가 고막을 때려 고막과 작은 소골이 진동하면서 압력파로 변해요.	**전기신호** 내이에 있는 액체가 건반과 비슷한 구조를 건드리면 압력파가 전기신호로 바뀌어요.	**처리** 두뇌가 전기신호를 받아 처리하면 우리는 소리를 들을 수 있어요.

41

냄새와 맛

후각과 미각은 비슷하게 작용해요. 코에 있는 후세포가 공기 중에 떠다니는 냄새 분자를 감지하는데, 코는 1만 가지가 넘는 냄새를 구별할 수 있어요. 입속의 맛봉오리는 맛을 감지하지만, 우리 입은 다섯 가지 기본적인 맛만을 감별해요. 먹을 때 두뇌는 후각과 미각 모두로부터 정보를 받아요. 맛과 향이 함께 어울려 전체적인 '미각'이 형성되는 거지요.

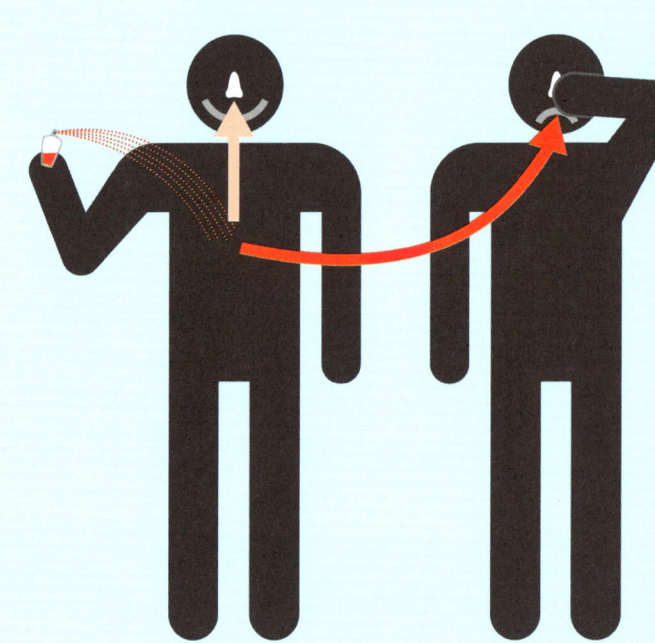

20% 강도   100% 강도

익숙한 향
향수 냄새는 다른 사람보다 평소 그 향수를 뿌리는 사람에게 강도가 5분의 1밖에 느껴지지 않아요.

수용 면적
우리 코에 있는 1천2백만 개의 후세포는 대략 장미꽃잎 하나의 면적을 차지해요.

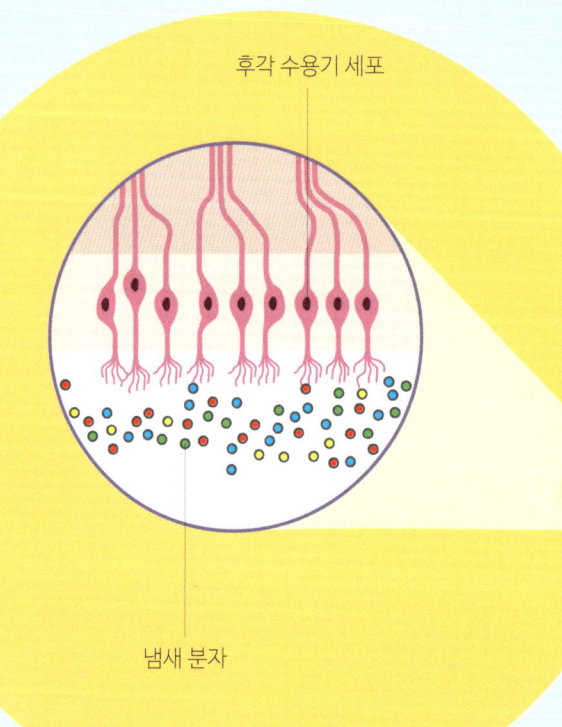

후각 수용기 세포

냄새 분자

10제곱센티미터

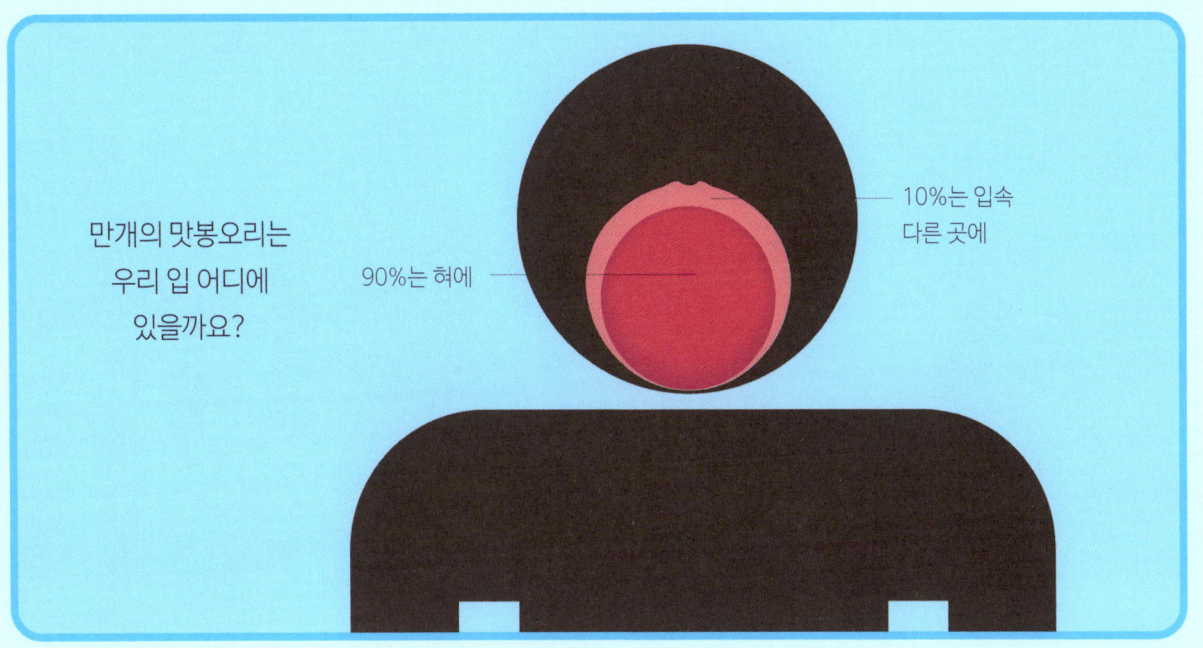

만개의 맛봉오리는 우리 입 어디에 있을까요?

90%는 혀에

10%는 입속 다른 곳에

다섯 가지 기본적인 맛
맛봉오리는 음식과 음료마다 다른 비율로 섞여 있는 다섯 가지 맛을 느껴요.

단맛   신맛   짠맛   쓴맛   감칠맛

미각
후각이 없다면 우리가 먹는 음식은 80% 덜 맛있게 느껴질 거에요.

냄새가 없으면
20% 강도

냄새가 있으면
100% 강도

우뇌의 감각 담당 부분

인체 감각지도

우리 몸에서 가장 민감한 부분은 센서가 가장 밀집해 있는 부분이고 두뇌에서 가장 큰 감각처리영역과 연결되어 있어요.

위 : 오른쪽 인체 그림에서 각기 다른 색깔로 나타낸 곳의 감각 정보는 두뇌의 같은 색 부위에서 처리해요.

오른쪽 : 인체의 부위별 감각 지각이 관련된 두뇌 부위와 비례해 자란다면 어떤 모습일지 보여주는 그림이에요. 그림에서 더 큰 부위일수록 더 민감하다는 뜻이랍니다.

촉각

우리 피부에는 수백만 개의 센서가 있어서 뜨거운 불꽃에 닿았을 때의 통증부터 살갗을 쓰다듬는 깃털의 간지러운 느낌까지 다양한 감각을 느낄 수 있어요. 수용기가 신경을 통해 척수와 두뇌의 감각담당부분에 메시지를 보내면 그곳에서 정보를 처리해요.

뜨거운 곳

머리와 손에는 우리 몸에서 열 감지 센서가 가장 많이 모여 있어요.

감각 온도계

열과 추위, 통증과 마비 등의 감각을 감지하는 온도계에요.

통증

45℃

열 수용기가 뜨거운 감각을 인지해요.

40℃

35℃

30℃

25℃

냉 수용기가 차가운 감각을 인지해요.

20℃

15℃

10℃

5℃

마비

두꺼운 피부 얇은 피부

이마 위 얇은 피부의 센서는 2밀리그램 초파리의 무게도 감지할 수 있지만, 손끝의 두꺼운 피부로는 감지할 수 없답니다.

이리저리 움직여요

인체는 엄청나게 다양한 동작을 수행할 수 있는 기계적인 걸작품이에요. 만약 골격이라고 부르는 뼈 구조와 그 위를 덮은 골격근이 없다면 우리 몸은 그저 바닥에 놓여 움직이지 않는 덩어리에 불과할 거예요. 또 뼈 사이에 관절이 있어서 골격을 구부렸다 폈다 할 수 있답니다. 우리 근육은 두뇌의 통제 아래에서 수축하거나 이완하면서 관절을 통해 뼈를 움직여 달리거나 뛰는 등 다양한 동작을 수행할 수 있어요.

뼈의 강도
성냥통 크기의 뼈 덩어리 하나로 1톤 무게의 자동차 아홉 대를 지탱할 수 있어요.

뼈가 만나는 곳
두 개의 뼈를 연결하는 관절의 종류에 따라 뼈들이 함께 움직이는 방식이 달라요.

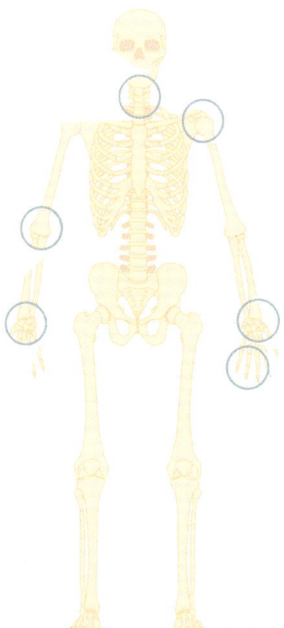

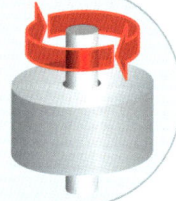
회전 관절(목과 팔뚝)은 한 뼈가 다른 뼈 둘레를 회전할 수 있게 해줘요.

경첩 관절(팔꿈치와 무릎)은 경첩이 달린 문을 열고 닫는 것과 상당히 비슷하게 움직여요.

평면 관절(손목과 발목)은 옆으로 미끄러지는 동작을 할 수 있어요.

구상 관절(어깨와 엉덩이)은 거의 모든 방향으로 움직일 수 있게 해줘요.

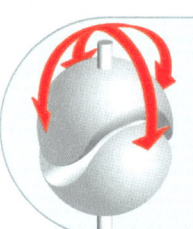
안장 관절(엄지손가락)은 앞뒤와 양옆으로 움직일 수 있게 해줘요.

타원 관절(손가락)은 앞뒤와 양옆으로 움직일 수 있게 해주고 아주 조금 회전을 할 수 있어요.

주요 근육군

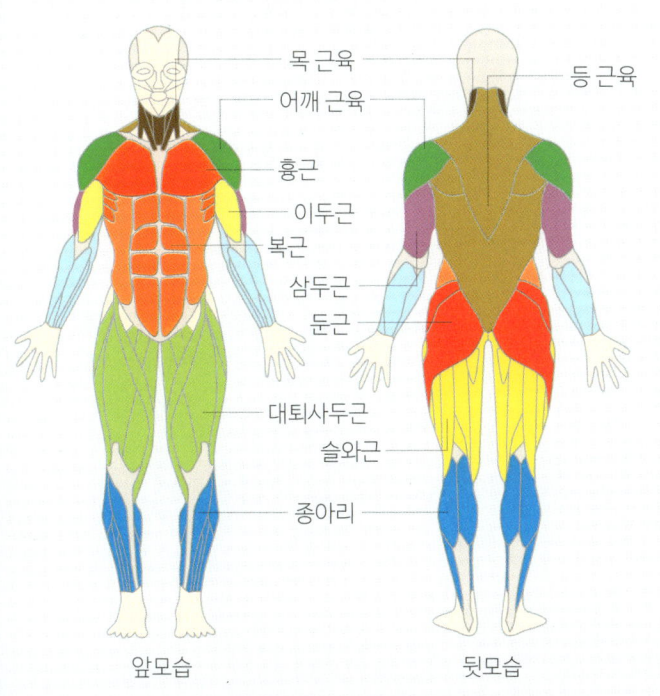

앞모습 / 뒷모습

근육의 역학

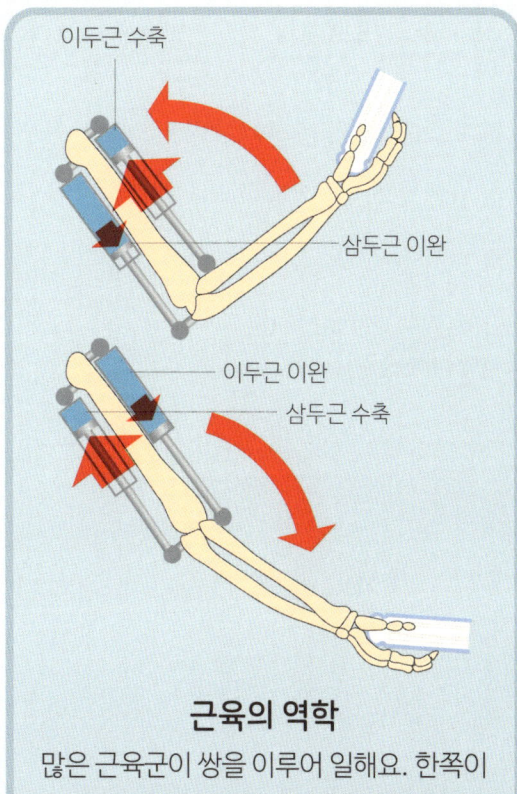

많은 근육군이 쌍을 이루어 일해요. 한쪽이 수축하면(짧아지면) 다른 쪽은 이완해요. 이렇게 해서 뼈들이 움직이는 거에요.

페달의 힘

자전거 페달을 밟을 때 아래와 같이 다리 근육을 써요.

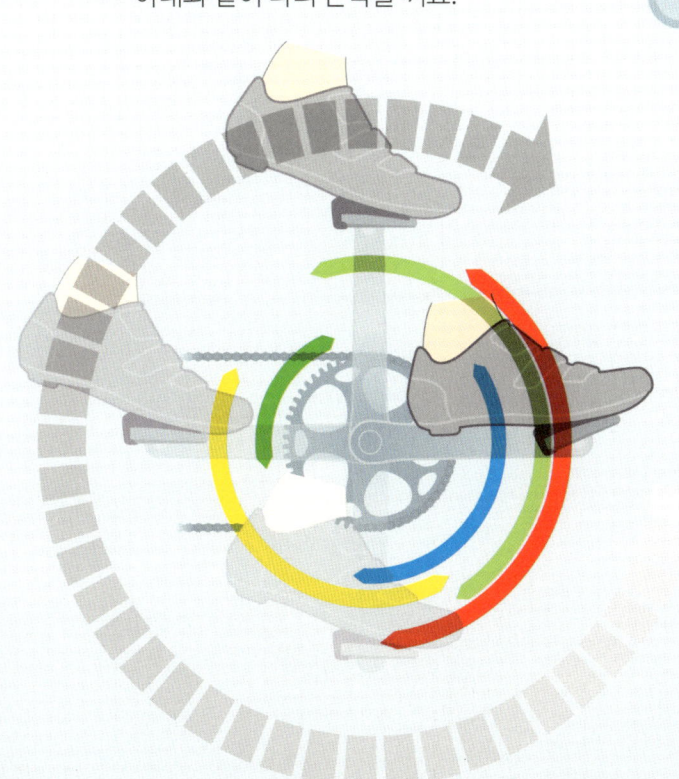

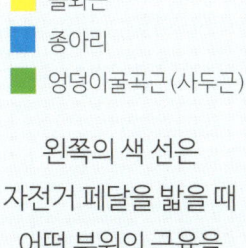
- 둔근
- 대퇴사두근
- 슬와근
- 종아리
- 엉덩이굴곡근(사두근)

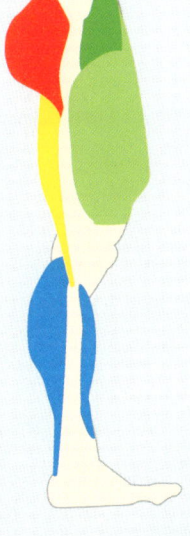

왼쪽의 색 선은 자전거 페달을 밟을 때 어떤 부위의 근육을 사용하는지 보여줘요.

새 생명

세상에는 약 70억에 달하는 사람들이 있지만, 모두 똑같은 방식으로 삶을 시작했답니다. 남성의 생식기관이 만든 정자 세포가 여성의 난자와 결합해 수정되면 수정란이 생겨요. 이 수정란이 배아를 형성해 반복해서 분열하면 약 8주 후에 태아가 되지요. 태아가 엄마의 자궁 속에서 자라 아기가 된답니다.

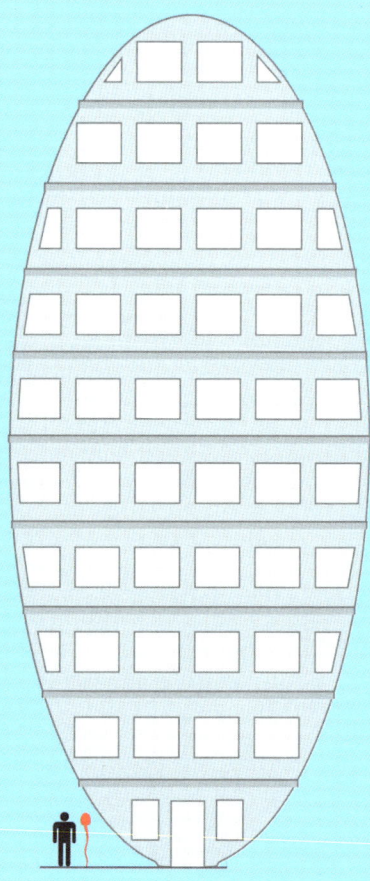

정자와 난자의 크기
우리가 정자라면 난자는 10층 건물의 크기에요.

정자 슬라이드 30cm

돌격 코스
남성은 여성의 몸속에 2억 5천만 개의 정자를 내보내요. 난자를 향한 정자들의 여행은 지독히 험난한 데, 단 하나의 정자만이 성공할 수 있답니다.

2억 5천만 개의 정자

치명적인 산성 웅덩이
정자는 10cm 길이의 질 속 산성 액체를 통과해 헤엄쳐야 해요.

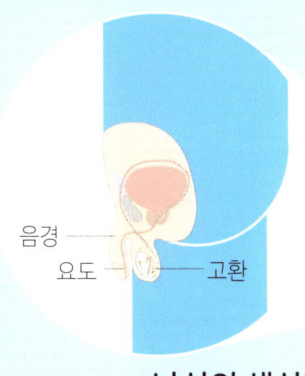

남성의 생식기관
두 개의 고환에서 정자가 만들어져요. 정자는 음경 속의 관인 요도를 통해 밖으로 나와요.

여성의 생식기관
매달 난소 중 한 곳에서 성숙한 난자 하나를 만들어요. 난자는 나팔관을 따라 자궁으로 향해요.

1일 수정

2일 세포분열

3일 세포밀집

4일 다양한 종류의 세포 형성

5일 구멍 생성

6일 착상

배아의 성장
수정 후 난자는 몇 개의 세포로 나누어지고 결국 자궁벽에 착상해요.

약 6만 개의 정자만이 살아서 2cm 높이의 자궁경부에 올라갈 수 있어요.

정자 난자를 만나다
15~24개의 정자 중 하나가 난자를 수정시켜요.

10% 생존
90% 사망

미로 같은 자궁경부
3천 개의 정자만이 자궁경부에서 살아남아요.

집중 공격
약 50개의 정자만이 자궁 안의 백혈구 공격으로부터 살아남아요.

고요한 강물
10cm 길이의 나팔관은 정자에게 천국과 같아요.

1주	4주	8주	12주	16주	20주	24주	28주
점 하나 크기	양귀비 씨	산딸기	자두	아보카도	바나나	캔털로프 멜론	가지

성장과 발달

인체가 완전히 성장하고 발달하는 데 20년이 넘게 걸려요. 이 시기 동안 우리는 이가 빠지고 새로운 이가 나지요. 또 신체 비율이 달라지고 더 힘이 세져서 신체적으로 점점 더 많은 일을 할 수 있게 돼요. 두뇌도 발달해 점차 스스로 결정을 내릴 수 있는 독립적인 인간, 다시 말해 어른이 된답니다!

철이 들어가요

두뇌 중에서도 합리적인 결정을 내리고 계획을 세우는 능력을 통제하는 부위가 가장 늦게 성숙해져요.

☐ 미성숙한 부위
■ 성숙한 부위

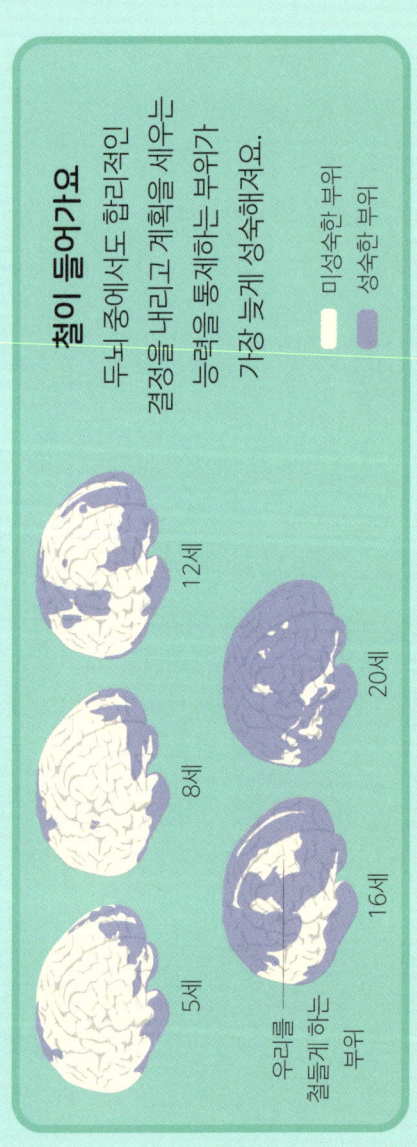

5세 / 8세 / 12세 / 16세 / 20세
우리를 철들게 하는 부위

이갈이

유치와 영구치가 옆에 보이는 순서대로 나요.

영구치
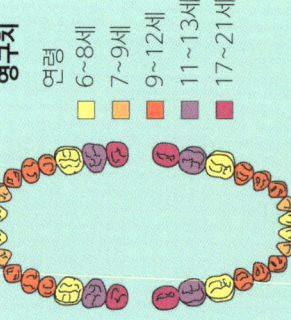

연령
■ 6~8세
■ 7~9세
■ 9~12세
■ 11~13세
■ 17~21세

유치
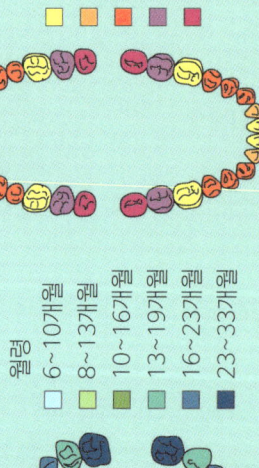

월령
☐ 6~10개월
■ 8~13개월
■ 10~16개월
■ 13~19개월
■ 16~23개월
■ 23~33개월

32주 단호박

36주 하니듀 멜론

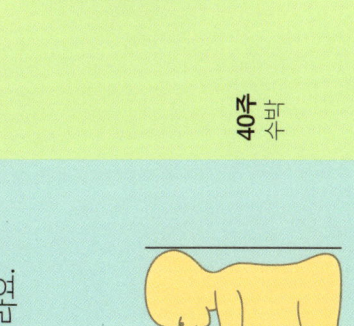

40주 수박

자궁 속 과일
엄마 자궁 속에 있는 9개월 동안 아기는 작은 점 하나 크기에서 수박 크기까지 자라요.

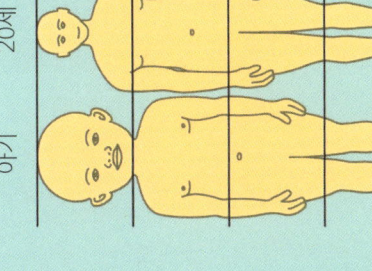

아기의 비율
아기와 어른의 머리와 팔 비율은 아주 달라요.

키
대략 다섯 살부터 성장속도가 점점 느려져요. 그러다가 여성은 10~13세, 남성은 13~15세 사이에 다시 성장속도가 빨라져요.

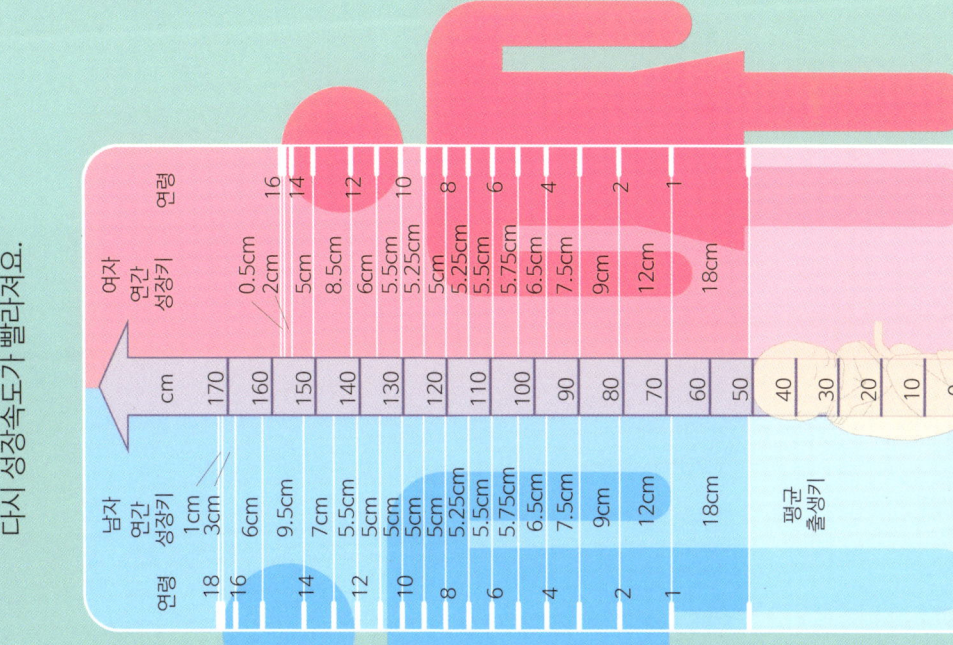

남자 연간 성장기	연령	cm	여자 연간 성장기	연령
	18	170		
1cm	16	160	0.5cm	16
3cm			2cm	14
6cm	14	150	5cm	12
9.5cm		140	8.5cm	
7cm	12		6cm	10
5.5cm		130	5.5cm	
5cm	10	120	5.25cm	8
5cm	8	110	5cm	
5.25cm			5.25cm	6
5.5cm	6	100	5.5cm	
5.75cm		90	5.75cm	4
6.5cm	4	80	6.5cm	
7.5cm		70	7.5cm	2
9cm	2	60	9cm	
12cm	1	50	12cm	1
18cm		40	18cm	
평균 출생키		30		
		20		
		10		
		0		

생명의 암호

우리 몸의 모든 세포에는 무엇을 어떻게 해야 할지 알려주는 암호화된 지시어가 들어 있어요. 이 지시어는 A, T, C, G, 이렇게 네 개의 알파벳으로 씌어 있고 DNA라고 부르는 분자의 형태로 되어 있어요. DNA는 이중나선이라는 꼬인 사다리 모양이에요. DNA 알파벳을 이루는 네 가지 글자는 바로 염기라는 물질이에요. 이 염기가 '사다리 가로대'를 이루고 당과 다른 원자들은 '손잡이'를 이룬답니다.

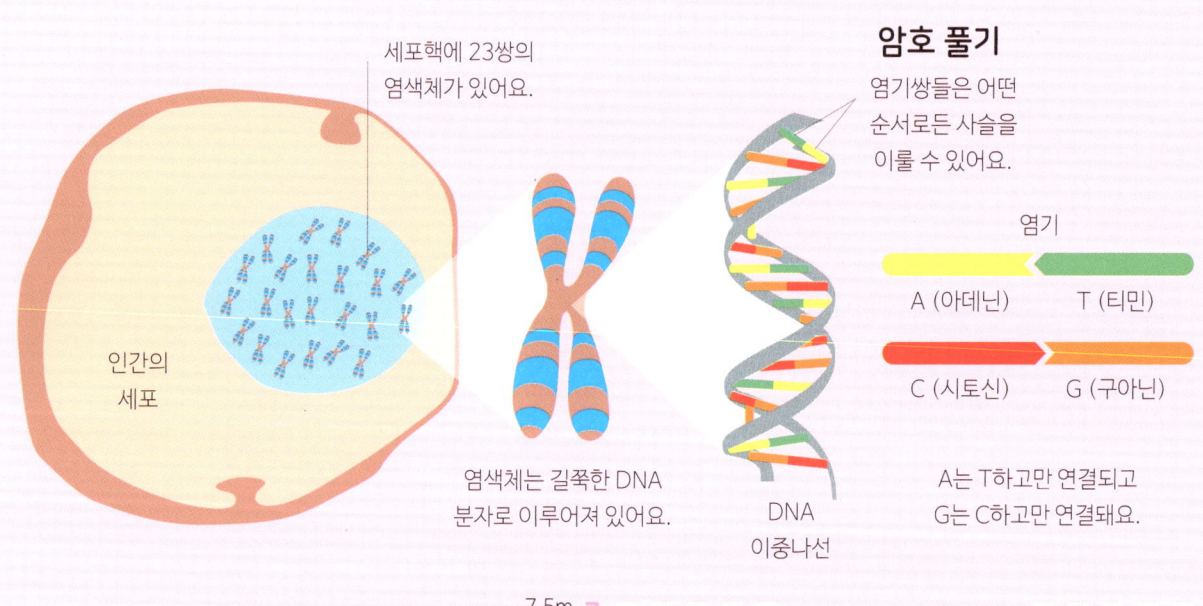

암호 쓰기

인간의 암호 전체를 타자로 치려면 한 사람의 타자수가 매일 8시간씩 일해도 50년이 걸릴 거예요. A4용지 75만 장에 달하는 양이랍니다.

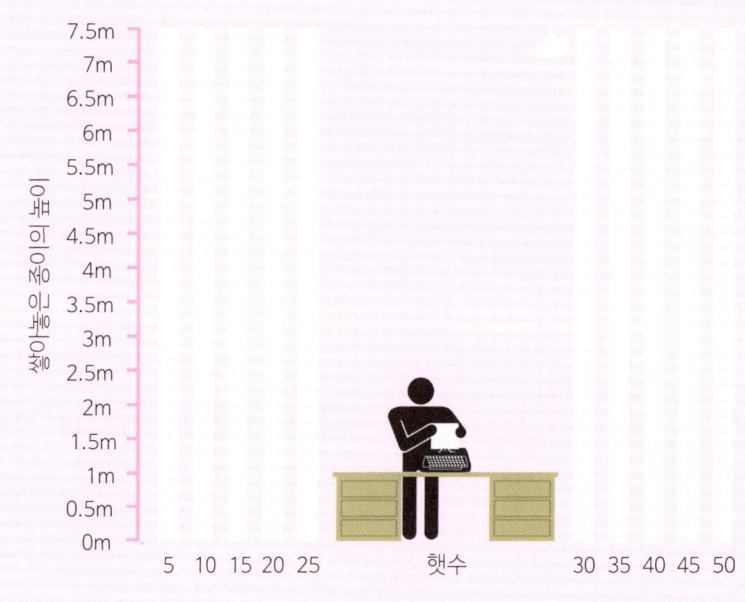

우리 DNA는 얼마나 길까?
우리 몸의 모든 DNA를 양옆으로 이어 죽 늘어놓는다면 태양계 지름의 두 배에 달할 거에요.

DNA 공유

■ 99% 공유 DNA　　■ 1% 다른 DNA

많은 과학자가 인간과 침팬지의 DNA가 대부분 똑같다고 생각해요.

암호 해독하기
과학자들이 풀어야 할 DNA의 용도는 아직 95%나 남아 있어요.

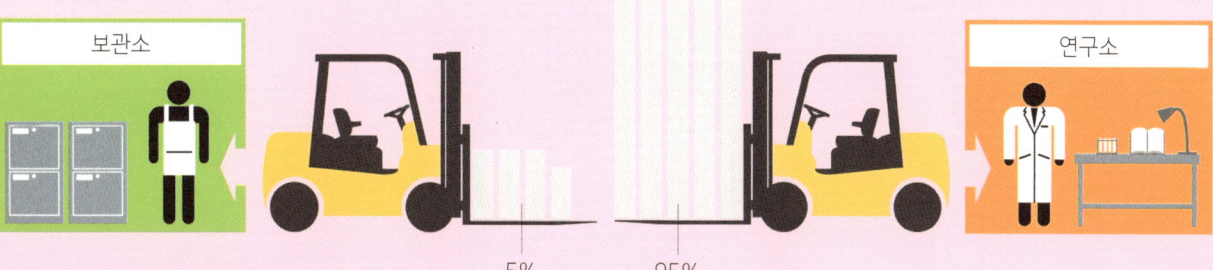

보관소　　5%　　95%　　연구소

53

유전이에요!

유전자라는 DNA 조각이 우리가 부모에게서 물려받는 신체적인 특징을 결정해요. 유전자에는 세포가 단백질을 만들기 위한 암호가 들어 있어요. 단백질은 뼈, 치아, 머리카락, 근육 등 우리 몸의 모든 것을 이루는 성분이에요. 양쪽 부모가 자식에게 자신의 유전자를 물려줘요. 이렇게 물려받은 특성 중 어떤 것은 다른 것보다 우세하답니다. 예를 들어 한쪽 부모에게는 주근깨가 있는데 다른 부모에게는 없다면 주근깨는 우세한 속성, 즉 우성이기 때문에 자식은 주근깨를 물려받는 거예요.

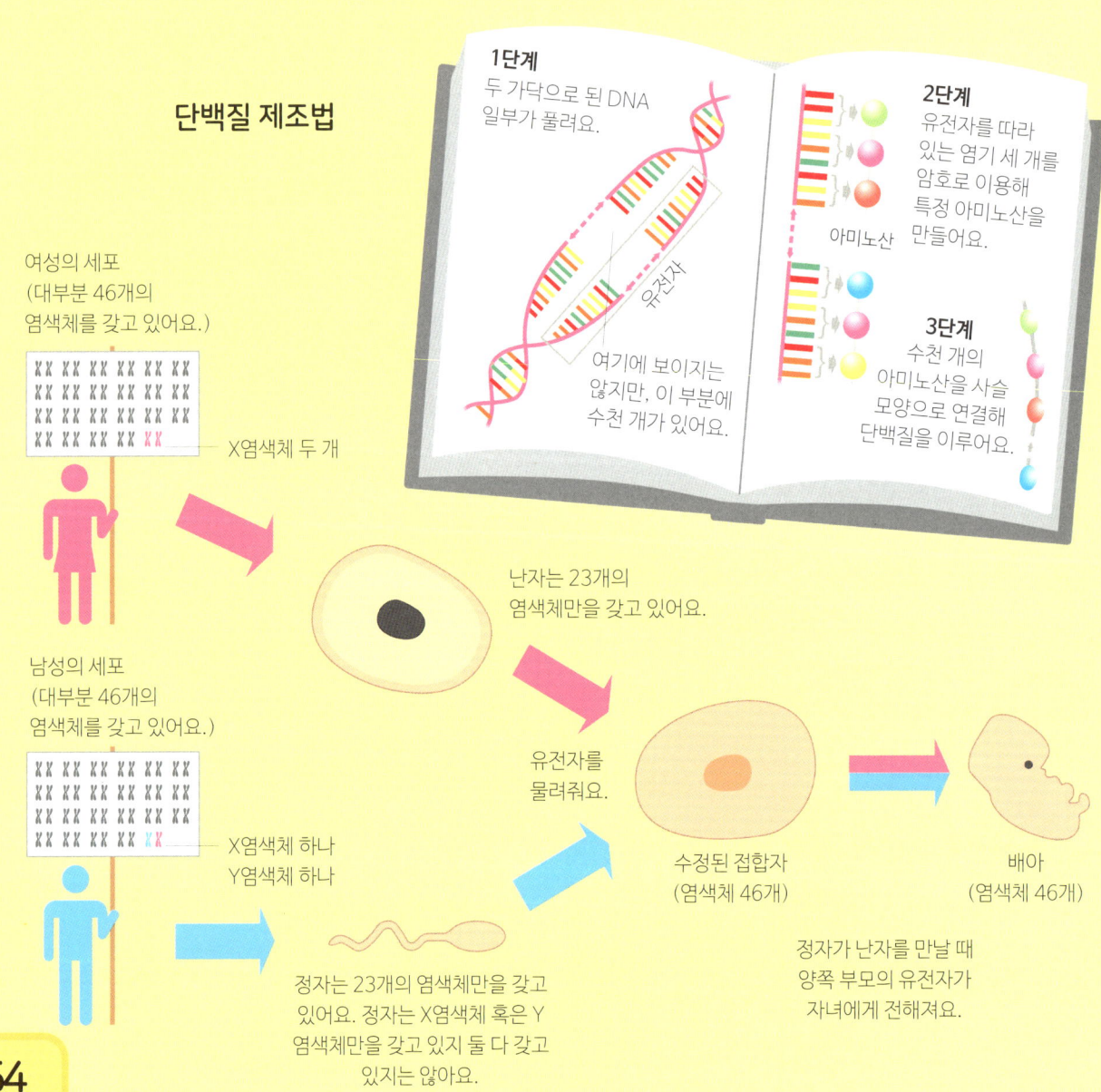

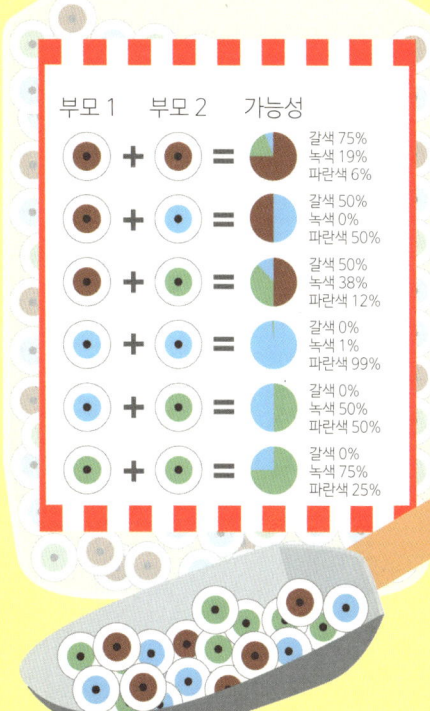

눈동자 색깔 예측하기

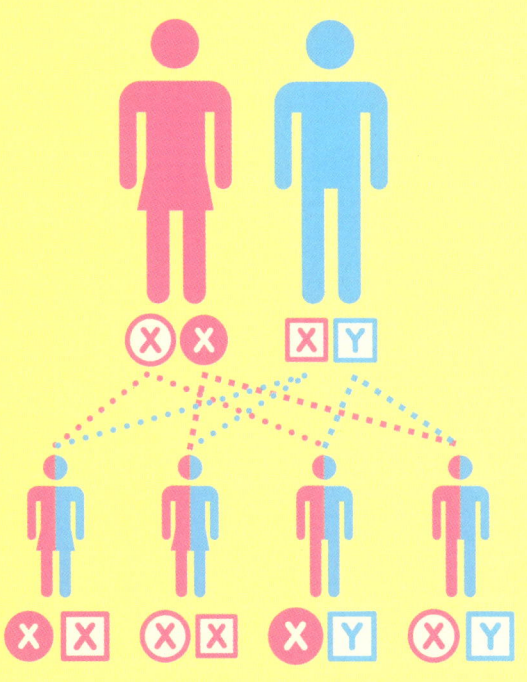

아들일까, 딸일까?
난자가 X염색체를 지닌 정자와 수정되었는가, Y염색체를 지닌 정자와 수정되었는가에 따라 자녀의 성별이 결정돼요.

엄마 아빠 어디를 닮았을까?

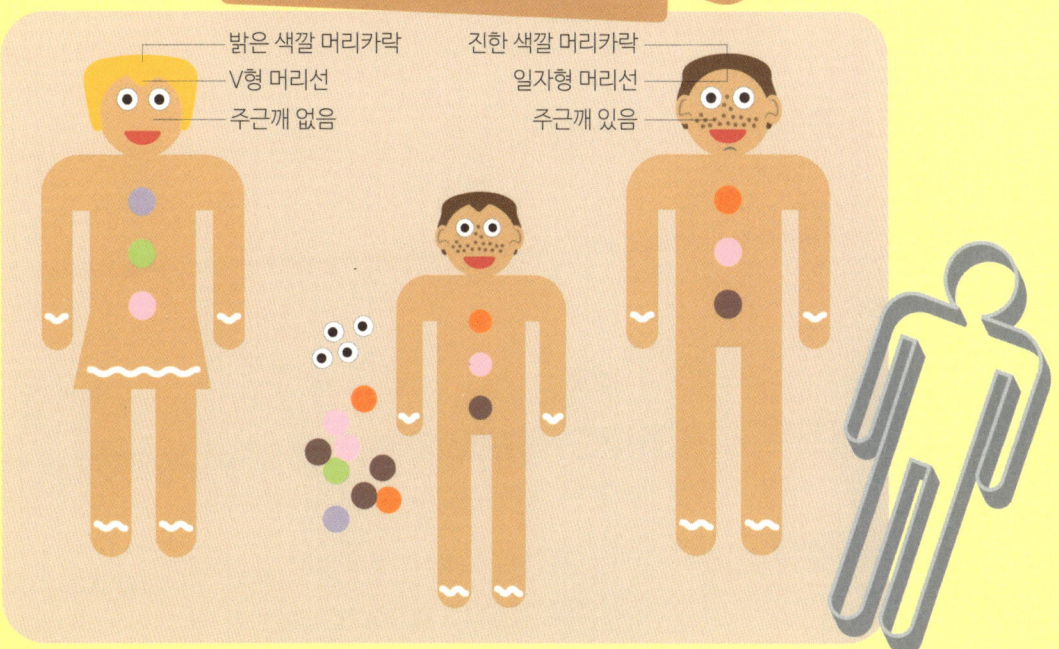

밝은 색깔 머리카락
V형 머리선
주근깨 없음

진한 색깔 머리카락
일자형 머리선
주근깨 있음

이 생강빵 모양 아이는 양쪽 부모에게서 우성을 물려받았어요. 어떤 속성이 우성일까요?

55

건강을 지켜요

최고의 건강을 지키려면 우리 몸을 보살피는 게 가장 좋아요. 규칙적으로 손을 씻어 해로운 미생물이 몸속으로 들어오기 전에 되도록 많이 없애주세요. 또 운동으로 몸을 튼튼하게 만들어보세요. 운동과 함께 균형잡힌 식단으로 먹으면 적당한 수준의 몸무게를 유지할 수 있답니다. 늘 햇빛의 해로운 영향력을 조심하고 시끄러운 곳에서는 청력을 지켜주세요.

 일상적으로 씻는 곳

 자주 씻지 않고 놓치는 곳

 거의 씻지 않고 놓치는 곳

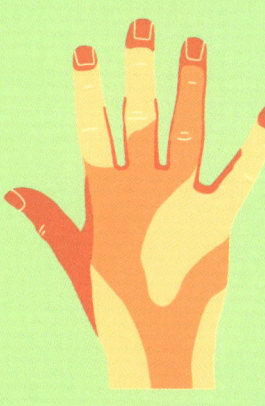
손등

손바닥

손을 제대로 씻어요
흔히 손을 씻으면서 제대로 씻지 않고 놓치는 곳이 있어요. 많은 사람이 깜박 잊고 씻지 않는 곳을 여러분은 깨끗이 씻고 있나요?

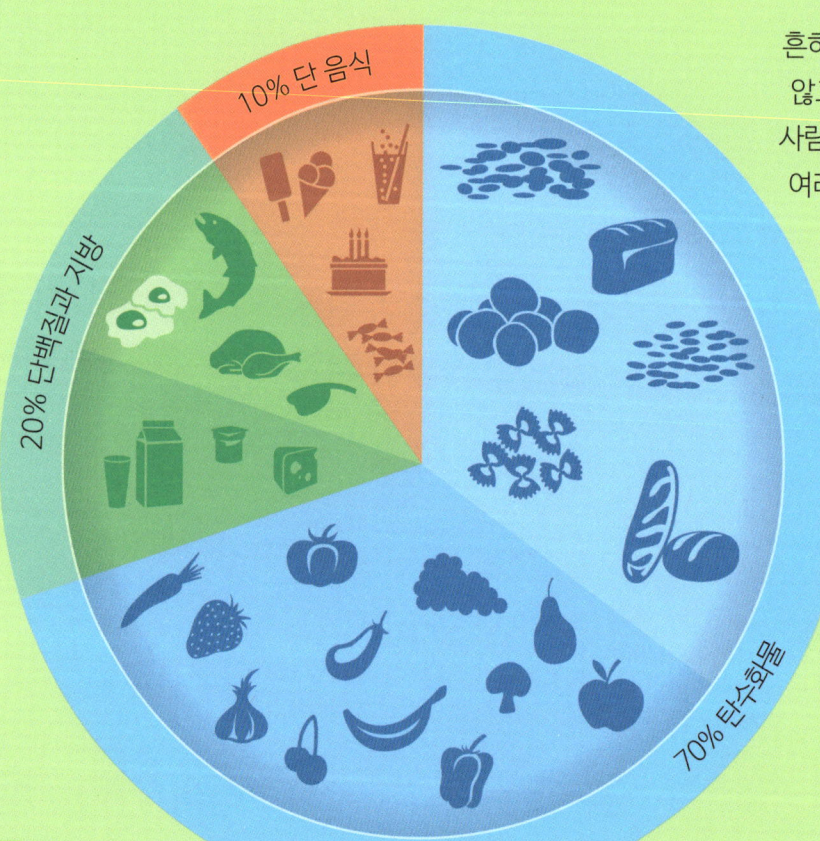

균형잡힌 식단
균형잡힌 식단을 위해 각 종류의 음식을 어느 정도 먹어야 하는지 보여주는 표에요.

건강을 지켜요!
건강을 지킬수록 두뇌와 심장, 폐, 뼈, 근육 등 우리 몸의 모든 부분에 도움이 돼요.

무활동 — 줄여요.
유연성과 힘 — 일주일에 2~3차례
에어로빅과 레크리에이션 — 일주일에 3~5차례
일상적인 활동 — 되도록 자주 해요.

볼륨 조절
주변 소음이 얼마나 큰지 알아두고 자신의 귀가 견딜 수 있는 최대 볼륨을 알아 두세요.

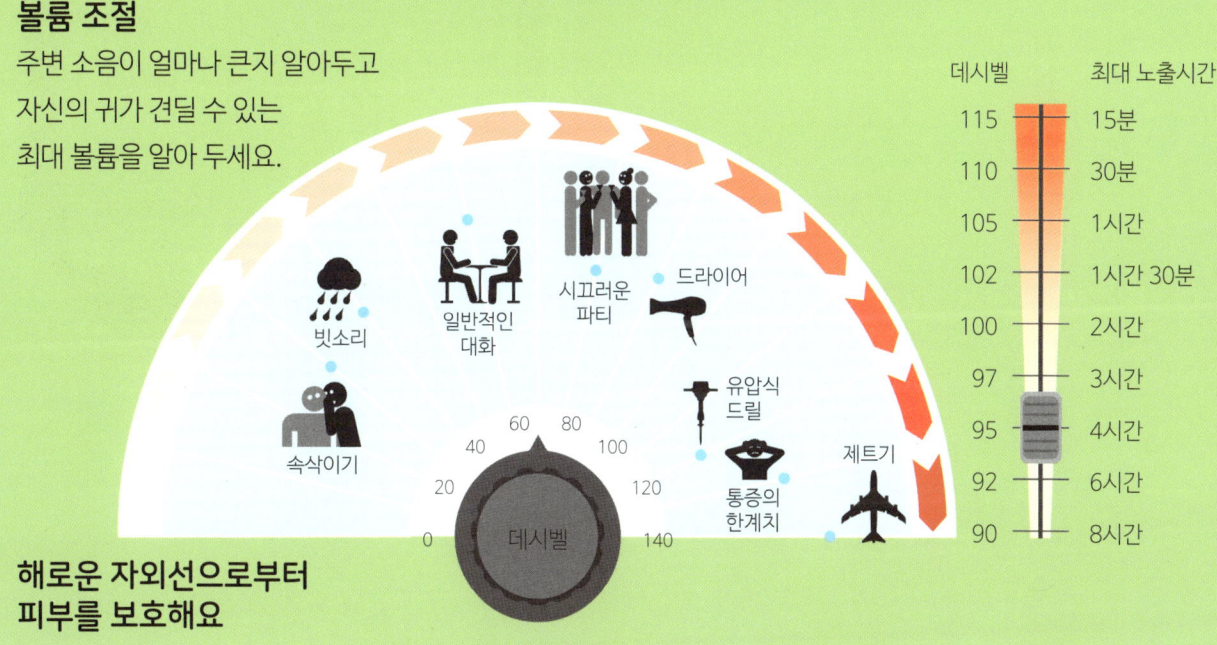

해로운 자외선으로부터 피부를 보호해요

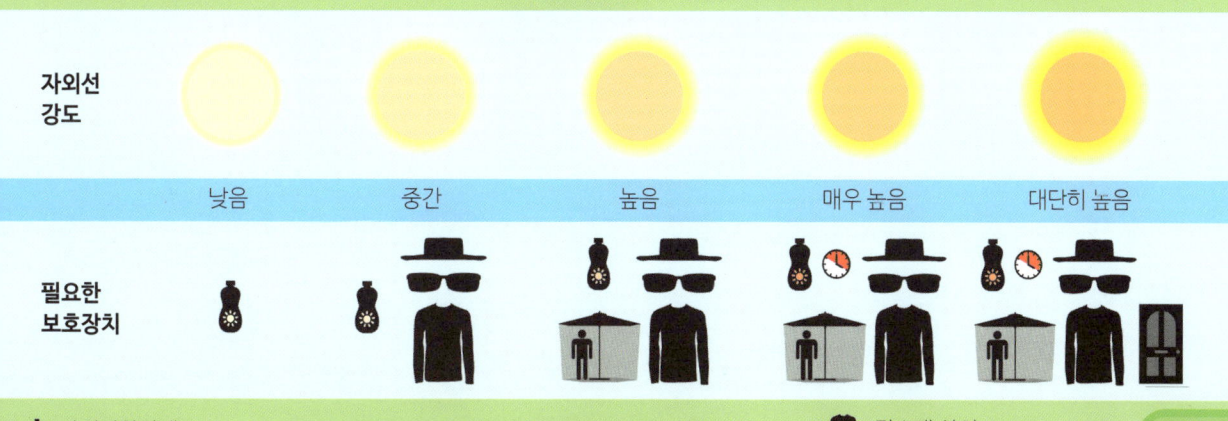

유용한 도표

일일 칼로리 권장량

연령	남성	여성
0~3개월	545	515
4~6개월	690	645
7~9개월	825	765
10~12개월	920	865
1~3세	1,230	1,165
4~6세	1,715	1,545
7~10세	1,970	1,740
11~14세	2,220	1,845
15~18세	2,755	2,110
19~50세	2,550	1,940
51~59세	2,550	1,900
60~64세	2,380	1,900
65~74세	2,330	1,900
75세 이상	2,100	1,810

혈액형

혈액형은 응집원 A나 B가 있느냐 없느냐에 따라 나뉘어요. 또 RhD에 양성이냐 음성이냐에 따라서도 혈액형을 나눌 수 있어요. 사람의 혈액형은 다음 8가지로 나눠요.

적혈구 응집원	RhD	혈액형
없음	음성	Rh- O형
없음	양성	Rh+ O형
A	음성	Rh- A형
A	양성	Rh+ A형
B	음성	Rh- B형
B	양성	Rh+ B형
A와 B	음성	Rh- AB형
A와 B	양성	Rh+ AB형

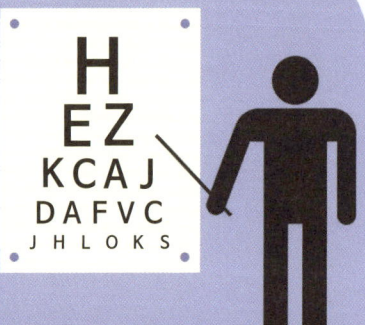

6미터

시력 2.0
양쪽 눈의 시력이 2.0이면 6미터 떨어진 곳에서 시력검사표의 글자들을 뚜렷하게 볼 수 있어요.

주파수대역 듣기

동물	들을 수 있는 주파수대역 (헤르츠)
코끼리	20 이하
고래	10~20
바퀴벌레	100~3,000
새	20~15,000
인간	20~20,000
호랑이	10~25,000
개	67~45,000
고양이	45~65,000
박쥐	2,000~120,000

땀분비량을 계산해봐요

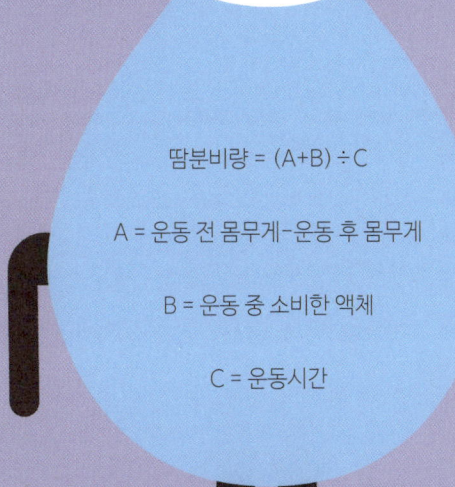

땀분비량 = (A+B) ÷ C

A = 운동 전 몸무게 - 운동 후 몸무게

B = 운동 중 소비한 액체

C = 운동시간

감기일까, 독감일까?

증상	감기	독감
열	가끔	이틀 동안 38℃ 이상
두통	드물게	일상적
근육통	경미	일상적, 종종 심각
피로/허약	경미	2주 이상 지속될 수 있음
극심한 피로	없음	보통
코막힘/재채기	종종	가끔
목 쓰림	종종	가끔
기침	경미	일상적, 심각할 수 있음

용어사전

A-Z
DNA
생물의 유전물질을 지닌 분자.

골수
뼈 안에 있는 조직. 일부는 새로운 적혈구와 백혈구를 만들어낸다.

기관
조직이 모여 구성된 신체의 부분. 기관은 특정 기능을 책임진다. 예를 들어 심장, 폐, 간, 비장이 우리 몸의 기관이다.

뉴런
신경계에 전기신호를 전달하는 신경세포.

단백질
몸에 아미노산을 공급하는 분자로 항체와 같은 다른 물질의 기본이 된다.

동맥
심장에서 몸 곳곳으로 혈액을 실어나르는 혈관.

렘수면
눈동자가 계속해서 움직이는 수면단계.

림프관
림프라는 액체에 백혈구를 실어 신체의 면역기관으로 나르는 관.

미생물
현미경으로만 볼 수 있는 생물. 미생물에는 세균과 바이러스, 균류, 원생동물, 조류가 있다.

바이러스
자신의 번식을 위해 체세포를 감염시켜 파괴하는 미생물.

반사
신체의 자동적이고 즉각적인 반응. 반사행동은 신체를 위험이나 부상으로부터 지켜준다.

땀분비량
일반적인 운동조건에서 시간당 소모하는 땀의 양.

분자
원자라는 입자가 두 개 이상 결합해 이루어진 화학적 단위.

비타민
건강한 성장을 위해 소량이 반드시 필요한 음식물 속 물질.

세균
일부는 질병을 일으키기도 하는 단세포 생물.

세포
모든 생물의 기본 단위. 세포는 자신을 정확히 재생할 수 있다.

세포 소기관
세포에 있는 수많은 작은 구조 중 하나로 소기관마다 구체적인 일을 맡아 한다.

세포핵
세포의 통제센터로 DNA가 들어 있다.

염기
서로 결합해 DNA 분자에 지시어를 전달하는 물질로 아데닌, 시토신, 구아닌, 티민, 네 가지가 있다.

영양소
탄수화물, 비타민, 단백질과 같이 우리 몸을 제대로 운영하고 생명을 유지하기 위해 필요한 물질. 음식물과 마실 것에서 영양소를 얻는다.

유전자
인체를 만들고 운영하는 약 2만 개의 지시어 중 하나. 유전자는 DNA 분자 안에서 발견된다.

접합자
난자가 정자에 수정되었을 때 생기는 세포.

정맥
심장으로 혈액을 보내는 혈관.

조직
한 가지 종류(혹은 비슷한 종류)의 세포 집단. 함께 작용해 특정 기능을 수행한다. 조직이 결합해 기관을 이룬다.

주파수
1초에 한 점을 지나가는 음파의 수. 주파수는 헤르츠라는 단위로 측정된다.

침
입의 침샘에서 나오는 물 같은 액체로 음식물을 씹고 맛보고 소화시키는 데 도움이 된다.

탄수화물
음식물의 주요 구성요소 중 하나. 몸속으로 들어가 부분적으로는 포도당의 형태로 에너지를 제공한다.

항체
백혈구에서 나오는 화학물질로 질병을 일으키는 특정 유기물을 찾아 파괴한다.

혈소판
혈액 속에 많이 보이는 원반형태의 세포. 피가 응고되어 딱지가 생기게 도와준다.

혈장
혈액의 액체 부분. 혈장에는 용해된 물질이 많이 들어 있다.

효소
몸이 만드는 물질로 몸속 화학반응 속도를 높이는 데 도움이 된다.

찾아보기

A-Z
DNA 52-53, 54, 60

ㄱ
가스교환 14
간 10, 18, 28
감각 20, 40-45
감염 16, 20, 24-27, 58
감정 34
골격 46
관절 46
귀 40, 41
균형잡힌 식단 56
근육 28, 46, 47, 54, 57
기관 8, 28, 32, 61
기침 15, 26, 27
꿈 39

ㄴ
난자 8, 9, 48, 49, 54
남성 49, 51, 54, 55
냄새 42, 43
노폐물 10, 11, 14, 16, 18, 29, 30-31
뇌파 38
눈 37, 38, 40-41, 55, 58
뉴런 34, 35, 60

ㄷ
단백질 12, 13, 16, 17, 54, 56, 61
담즙 11
독감 27, 59
독소 16
동맥 16, 60
동작 34, 37, 46, 47
두뇌 18, 28, 30, 34-38, 41, 42, 44, 50, 57
딱지 24
땀 20, 21, 28, 59, 61

ㄹ
림프관 24, 60

ㅁ
맛 42, 43
맛봉오리 43
망막 40
머리카락(털) 20-24, 55
무게 7, 16, 28, 56
물 10, 11, 16, 28-29, 31
미생물 20, 24-27, 56, 60

ㅂ
바이러스 26, 61
반사 37, 61
발 21
방광 30, 36
배아 48, 54

백
백혈구 16, 17, 24, 25, 49
분비샘 10
비장 18
비타민 16, 20, 61
뼈 24, 28, 41, 46, 47, 54

ㅅ
산 10, 24, 25
산소 8, 14, 17, 32, 33, 35
상처 24
생식 48-49
성장 50-51
세균 23, 26, 60
세포 8-10, 14, 48, 49, 52, 54, 60
세포 소기관 9, 61
세포질 9
세포핵 9, 52, 60
센서 44, 45
소변 11, 30, 31, 37
소장 10, 11
소화계 8, 10-11
손톱 22, 23
수면 13, 34, 38-39
수정 48
시각 40-41, 58
식도 10
신경 34, 36
신경계 36-37
신장 11, 18, 28, 30
심장 18, 19, 28, 34, 37, 57
씻기 56

ㅇ

아기 48-51
에너지 12-14, 34
여성 49, 51, 54, 55
열 26, 59
염색체 52, 54
영양소 10-12, 18, 28, 61
운동 13, 15, 57
위 8, 10, 18, 24, 25
유전자 54, 60
음경 49
음식 10, 12-13, 28, 43, 56
음파 40, 41
이산화탄소 14
입 10

ㅈ

자궁 48, 49
자외선 피부손상 20, 21, 57
자외선차단제 20, 57
장 10, 18
재채기 15, 27
저체온증 32
적혈구 8, 9, 16, 17
점액 10, 11, 24
정맥 16, 61
정자 8, 9, 48, 49, 54
조직 8, 24, 26, 61
주근깨 54, 55
지방 12, 13, 20, 56
질 49

ㅊ

척수 36, 37, 44
철분 17
청각 37, 40-41, 57, 59
체온 7, 20, 28, 29, 32, 45
촉각 20, 37, 44, 45
췌장 10, 11
치아 10, 11, 28, 50, 54
침 10, 24, 61

ㅋ

칼로리 12, 13, 58
케라틴 22
코 24, 42

ㅌ

탄수화물 12, 13, 56, 60
탈수 28, 29
태아 48
통증 20, 37, 44, 45

ㅍ

폐 14, 15, 18, 28, 37, 57
표피 20, 21
피부 8, 9, 20-21, 24, 28, 44, 45

ㅎ

항체 25, 60
햇빛 20, 21, 57
허파꽈리 14, 15
헤모글로빈 17
혀 10
혈관 18, 19, 20
혈액 10, 11, 16-19, 24, 25, 28, 30, 31, 58
혈장 16, 61
호르몬 16
호흡 14-15, 34
화학물질 10
효소 10, 11, 60

63

옮긴이 이주혜

서울대학교 영어교육학과를 졸업하였습니다. 번역은 원작자와 독자 어느 한쪽으로도 치우침 없이 공정한 번역이 되도록 노력하고 있습니다. 현재 번역 에이전시 엔터스코리아에서 출판기획 및 아동서 및 자녀교육서 전문 번역가로 활동하고 있습니다. 저서로는 『반쪽이』, 『콩중이 팥중이』, 『세계명작 시리즈 – 백조왕자, 톰팃톳』, 『전래동화 시리즈 1 – 흥부놀부, 2 – 혹부리 할아버지 외 총5권』, 『양말 목욕탕으로 오세요! – 가제』, 『바퀴야, 바퀴야, 어디 있니? – 가제』 등 다수가 있습니다.

감수 정광훈 박사

부산대 물리학과에서 통계물리학 석사, 전산단백질 및 생물물리학 박사학위를 취득한 후, 2007년 과학기술부에 입사하여, 국립과천과학관 개관 직전까지 기초과학관 전시물의 제작 및 설치 감독을 하였으며, 국립과천과학관 개관 후에는 물리학 및 화학 분야 전시물 기획, 제작과 과천과학관 전시물 활동서 개발 등의 업무를 맡고 있습니다. 에너지기후변화교육학회 이사로도 활동 중이며, 네이버캐스트 기고 등 생활 속 과학원리를 쉽게 소개하는 일도 하고 있습니다. 2008년에는 단백질 접힘현상에 대한 이론적 연구결과로 세계적 권위의 국제저널인 PNAS에 논문을 게재하였습니다.

그림으로 보는 **인체**

초판	1쇄 발행 2018년 12월 10일
	3쇄 인쇄 2019년 12월 10일

펴낸이	김대현
펴낸곳	아이위즈북
지은이	마가렛 하인스
그린이	앤디 크리스프
옮긴이	이주혜
주소	서울시 마포구 양화로 78, 서교빌딩 601호
전화	(02) 2268-6042 / 팩스 (02) 2268-9422
홈페이지	www.iwizbooks.com
등록	1991년 2월 22일 제2-1134호
ISBN	979-11-86316-10-8 73470

이 도서의 국립중앙도서관 출판예정도서목록(CIP)은 서지정보유통지원시스템 홈페이지(http://seoji.nl.go.kr)와 국가자료공동목록시스템(http://www.nl.go.kr/kolisnet)에서 이용하실 수 있습니다. (CIP제어번호 : CIP2018035977)

사용연령	5세 이상	**제조국**	대한민국
제조년월	2018년 12월 10일	**제조자명**	아이위즈북
연락처	(02) 2268-6042		
주소	서울시 마포구 양화로 78, 서교빌딩 601호		
주의사항	책의 모서리가 날카로우니 던지거나 떨어뜨려 다치지 않도록 주의하세요.		

KC마크는 이 제품이 공통안전기준에 적합하였음을 의미합니다.

※책값은 표지에 있습니다. 잘못된 책은 바꾸어 드립니다.